Deutschkurs für Asylbewerber

Thannhauser Modell

W0362870

Cahier d'exercices

mit Untertiteln in französischer Sprache

Autoren

Karl Landherr
Isabell Streicher
Hans Dieter Hörtrich

Unterstützt durch

Auer

Inhaltsverzeichnis

Gedruckt auf umweltbewusst gefertigtem, chlorfrei gebleichtem
und alterungsbeständigem Papier.

1. Auflage 2015
Nach den seit 2006 amtlich gültigen Regelungen der Rechtschreibung
© Auer Verlag
AAP Lehrerfachverlage GmbH, Augsburg
Alle Rechte vorbehalten
Das Werk und seine Teile sind urheberrechtlich geschützt. Jede Nutzung in anderen als den gesetzlich zugelassenen Fällen bedarf der vorherigen schriftlichen Einwilligung des Verlages.
Hinweis zu § 52 a UrhG: Weder das Werk noch seine Teile dürfen ohne eine solche Einwilligung eingescannt und in ein Netzwerk eingestellt werden. Dies gilt auch für Intranets von Schulenund sonstigen Bildungseinrichtungen.
Layout: Markus Landherr
Illustrationen: Maria Landherr
Satz: Markus Landherr
Druck und Bindung: Linus und Wittich KG
ISBN 978-3-403-**07904**-0

www.auer-verlag.de

1 Begrüßung, Vorstellung und Familie *(Saluer, se présenter, la famille)*

1.1 Willkommen *(Bienvenue)*

1.2 Wie geht es dir? *(Comment vas-tu?)*

du

dir

Frage *(question)*	**Antwort** *(réponse)*
Wie geht es dir? *Comment vas-tu?*	Mir geht es (nicht) gut. *Ça va bien. / Ça ne va pas bien.*
Wie heißt du? *(hei**ß**t, ß=ss)* *Tu t´appelles comment?*	Ich heiße ist Simon. *Je m'appelle Simon.*
Woher kommst du, Simon? *Tu viens d´où, Simon?*	Ich komme aus Syrien. *Je viens de Syrie.*
Wo wohnst du? *Tu habites où?*	Ich wohne in __________________ *J'habite à* ____________________
Sprichst du Französisch? *Tu parles français?*	Ja, ich spreche Französisch. *Oui, je parle français .* Ich spreche ein wenig Deutsch. *Je parle un peu allemand.*

Landherr/Streicher/Hörtrich: Cahier d'exercices Deutschkurs für Asylbewerber
© Auer Verlag – AAP Lehrerfachverlage GmbH, Augsburg

1.3 Wie geht es Ihnen? *(Comment allez-vous?)*

Frage *(question)*	**Antwort** *(réponse)*
Wie geht es Ihnen?	Mir geht es (nicht) gut.
Wie heißen Sie?	Ich bin Anton Maier.
Woher kommen Sie, Herr Maier?	Ich komme aus Deutschland.
Wo wohnen Sie?	Ich wohne in ...
Sprechen Sie Französisch?	Ich spreche ein wenig Französisch. Ich spreche kein Arabisch.

1.4 Meine Familie *(Ma famille)*

Das ist meine Familie. *(C'est ma famille)*

Wir wohnen in ____________________. Wir kommen aus ______________________.

Das ist mein **Mann**.
C'est mon mari.

Das ist meine **Frau**.
C'est ma femme.

Das ist meine **Tochter**.
C'est ma fille.

Das ist mein **Sohn**.
C'est mon fils.

Das ist mein **Kind**.
Es ist ein **Mädchen** / ein **Junge**.
C'est mon enfant.
C'est une fille / un garçon.

Das **sind** meine **Kinder**.
Ce sont mes enfants.

Vater	Mutter	Bruder	Schwester
père	*mère*	*frère*	*soeur*

Landherr / Streicher / Hörtrich: Cahier d'exercices Deutschkurs für Asylbewerber
© Auer Verlag – AAP Lehrerfachverlage GmbH, Augsburg

1.5 **Ich mache etwas** *(Je fais quelque chose)* **Wir machen etwas** *(Nous faisons quelque chose)*

sprechen
(parler)

schreiben
(écrire)

fragen
(demander/ poser une question)

lesen
(lire)

hören
(écouter)

malen
(peindre)

Ich schreibe	Wir schreibe**n**	Ich ______________	Wir ______________
Ich spreche	Wir spreche**n**	______________	______________
Ich frage	Wir frage**n**	______________	______________
Ich lese	Wir lese**n**	______________	______________
Ich höre	Wir höre**n**	______________	______________
Ich male	Wir male**n**	______________	______________

1.6 **Antworte und schreibe** *(Réponds et écris)*

Wie geht es dir?	Es ______________________________
Wie heißt du?	Mein ______________________________
Woher kommst du?	Ich ______________________________
Wo wohnst du?	Ich ______________________________
Sprichst du Englisch?	______________________________

Landherr / Streicher / Hörtrich: Cahier d'exercices Deutschkurs für Asylbewerber
© Auer Verlag – AAP Lehrerfachverlage GmbH, Augsburg

2 Tagesablauf und Tageszeiten *(Emploi du temps et heures du jour)*

2.1 Der Tag *(La journée)*

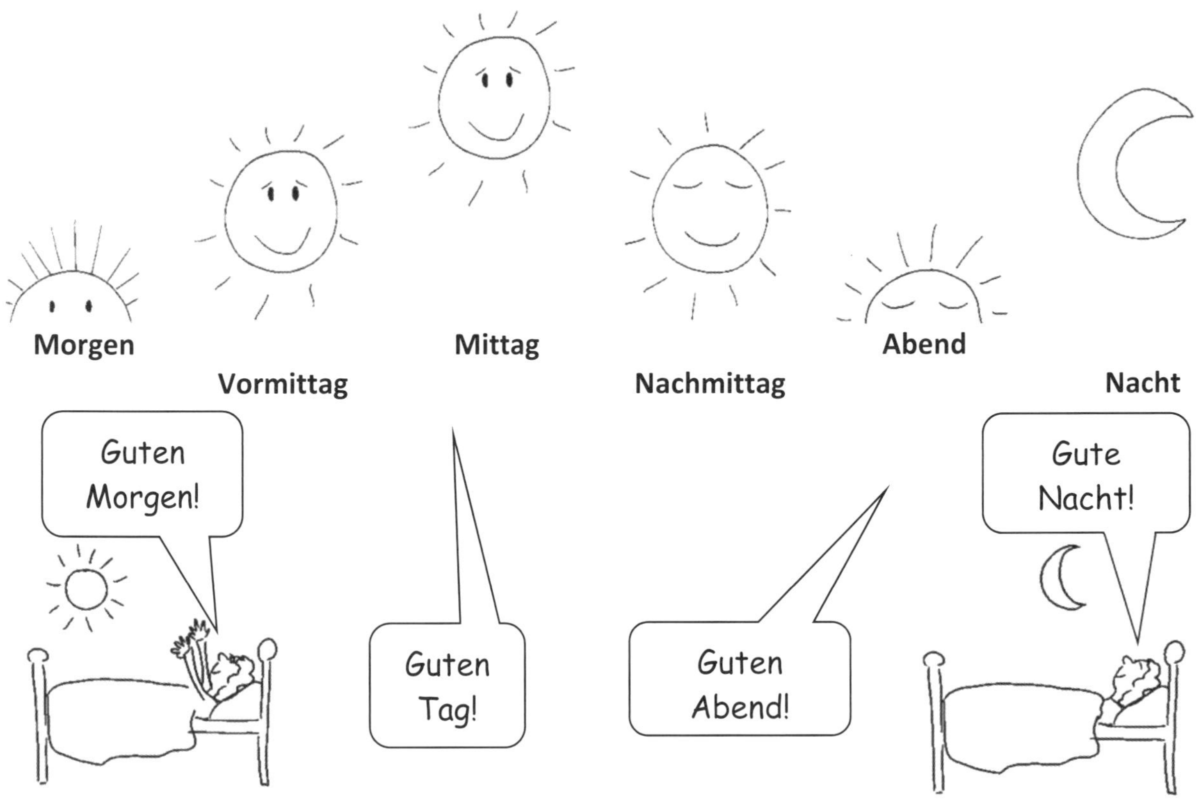

2.2 Was machst du heute? *(Qu'est-ce que tu fais aujourd'hui?)*

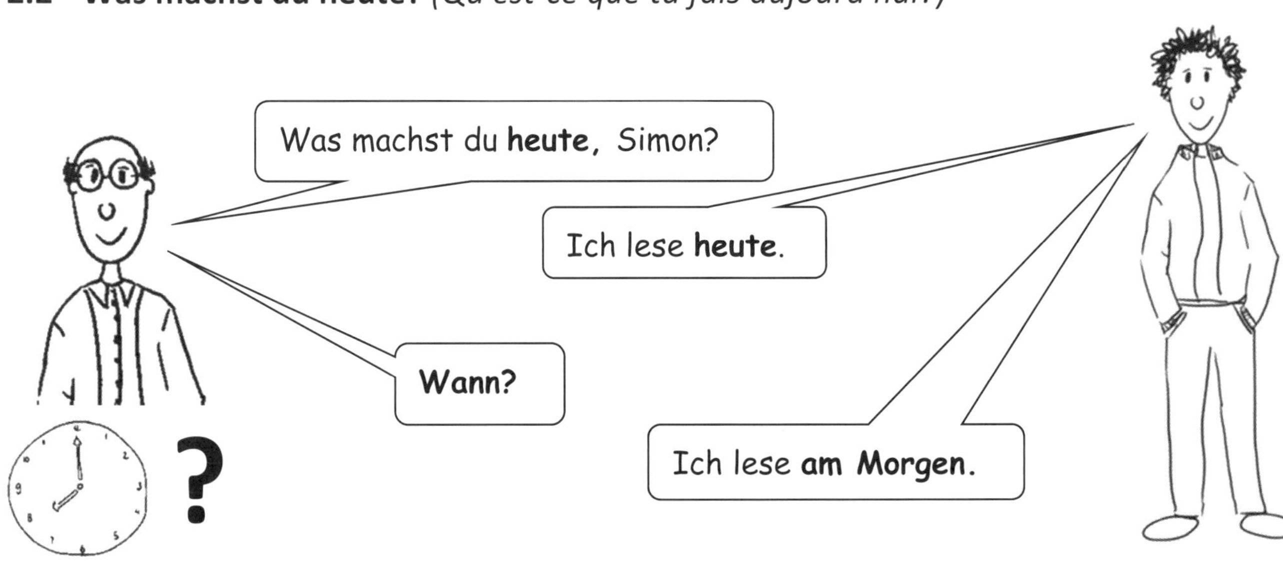

Ich lese **am** Morgen.

Ich lese **am** Vormittag.

Ich lese **am** Mittag

Ich lese **am** Nachmittag.

Ich lese **am** Abend.

Ich lese **in der** Nacht.

Ich male ____________________

Ich ________________________

Ich ________________________

Landherr/Streicher/Hörtrich: Cahier d'exercices Deutschkurs für Asylbewerber
© Auer Verlag – AAP Lehrerfachverlage GmbH, Augsburg

2.3 Was machen Sie heute? *(Qu'est-ce que vous faites aujourd'hui?)*

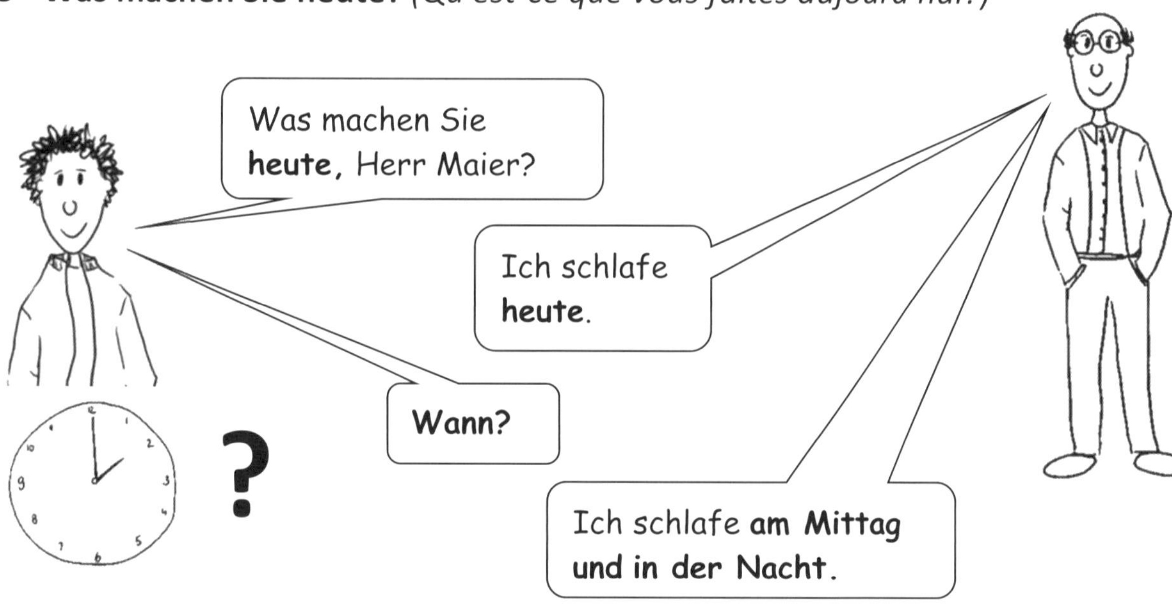

Ich lese am Morgen **und** am Abend**.**

Ich lese am Vormittag, am Mittag **und** in der Nacht.

2.4 Was machst du? Was macht ihr? *(Qu'est-ce que tu fais? Qu'est-ce que vous faites?)*

lernen
(apprendre)

essen
(manger)

waschen
(laver)

kochen
(faire la cuisine)

arbeiten
(travailler)

putzen
(nettoyer)

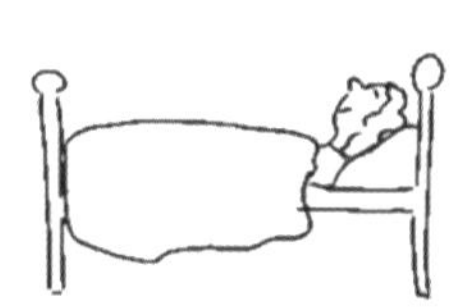

schlafen
(dormir)

spielen
(jouer)

Was **machst du**? **Ich** lerne Deutsch. **Ich** esse. **Ich** w ______________________________

____

Was **macht ihr**? **Wir** lernen Deutsch. **Wir** essen. **Wir** w ___________________________

____

Landherr/Streicher/Hörtrich: Cahier d'exercices Deutschkurs für Asylbewerber
© Auer Verlag – AAP Lehrerfachverlage GmbH, Augsburg

2.5 Was machst du heute? *(Qu'est-ce que tu fais aujourd'hui?)*

Ich koche am ____

Ich esse am ____

Ich lerne Deutsch ____

Ich ____

____

spazieren gehen
(se promener)

Fußball spielen
(jouer au football)

einkaufen gehen
(faire les courses)

vorgestern *(avant-hier)*

gestern *(hier)*

heute *(aujourd'hui)*

morgen *(demain)*

übermorgen *(après-demain)*

2.6 Was machst du morgen? *(Qu'est-ce que tu vas faire demain?)*

Ich spiele Fußball am Vormittag. Ich ____

____

____

Landherr/Streicher/Hörtrich: Cahier d'exercices Deutschkurs für Asylbewerber
© Auer Verlag – AAP Lehrerfachverlage GmbH, Augsburg

3 Wochentage, Zahlen, Farben und Uhrzeit *(Les jours de la semaine, les nombres, les couleurs et l'heure)*

3.1 Wochentage *(Les jours de la semaine)*

Heute ist ...	Morgen ist ...	Übermorgen ist ...
Mittwoch	Donnerstag	Freitag
Montag		
Freitag		
		Montag

3.2 Farben *(Les couleurs)*

◯	rot	◯	orange	◯	gelb	◯	grün
◯	blau	◯	lila	◯	braun	◯	grau
◯	weiß	◯	schwarz	◯	________	◯	________

Male die Wochentage aus. *(Colorie les jours de la semaine)*

Montag: blau	Dienstag: lila	Mittwoch: rot	Donnerstag: grün
Freitag: braun	Samstag: orange	Sonntag: gelb	

Welche Farbe hat ...? *(De quelle couleur est...?)*

Welche Farbe hat der Montag? Der Montag hat die Farbe blau. Der Montag ist blau.

Welche Farbe hat der ________________?

Der _______________ hat die Farbe_____________. Der _______________ ist _____________

Landherr/Streicher/Hörtrich: Cahier d'exercices Deutschkurs für Asylbewerber
© Auer Verlag – AAP Lehrerfachverlage GmbH, Augsburg

3.3 Zahlen *(Les nombres)*

1	eins	11	elf		
2	zwei	12	zwölf		
3	drei	13	drei**zehn**	30	drei**ßig**
4	vier	14	vier**zehn**	40	vier**zig**
5	fünf	15	fünf**zehn**	50	fünf**zig**
6	sechs	16	sech**zehn**	60	sech**zig**
7	sieben	17	sieb**zehn**	70	sieb**zig**
8	acht	18	acht**zehn**	80	acht**zig**
9	neun	19	neun**zehn**	90	neun**zig**
10	zehn	20	zwan**zig**	100	(ein)hundert

21	ein**und**zwanzig	41	ein**und**vierzig
22	zwei**und**zwanzig	26	sechs**und**zwanzig
101	ein**hunder**teins	240	zwei**hundert**vierzig
1990	neunzehn**hundert**neunzig	2015	zwei**tausend**fünfzehn

3.4 Wie alt bist du? Wie alt sind Sie? *(Tu as quel âge? Vous avez quel âge?)*

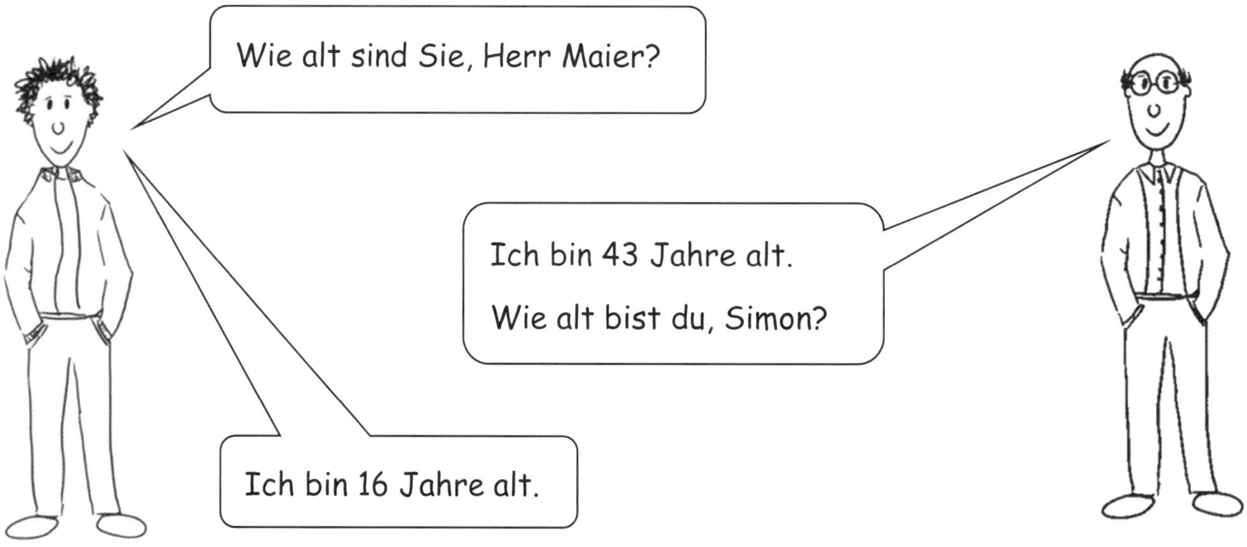

Ich bin ________ Jahre alt. Ich bin im Jahr ________ geboren.

Meine Frau ist ________ Jahre alt. **Sie** ist ________________ geboren.

Mein Mann ist ________ Jahre alt. **Er** ist ________________________

Mein Kind ist ________ Jahre alt. **Es** ist ________________________

____

Landherr/Streicher/Hörtrich: Cahier d'exercices Deutschkurs für Asylbewerber
© Auer Verlag – AAP Lehrerfachverlage GmbH, Augsburg

3.5 Wie spät ist es? *(Quelle heure est-il?)*

Es ist…

8 Uhr

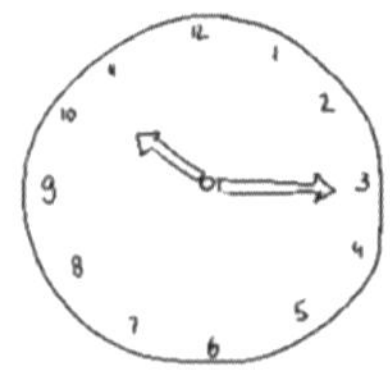

viertel nach 10

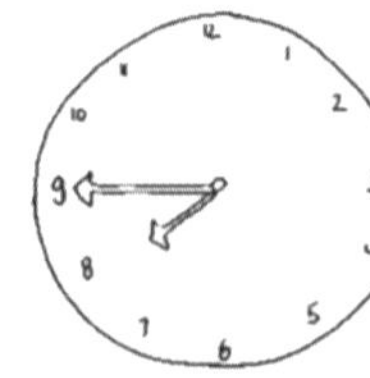

viertel vor 8

halb 2

5 nach 11

20 nach 6

5 vor halb 8

5 nach halb 1

5 vor 12

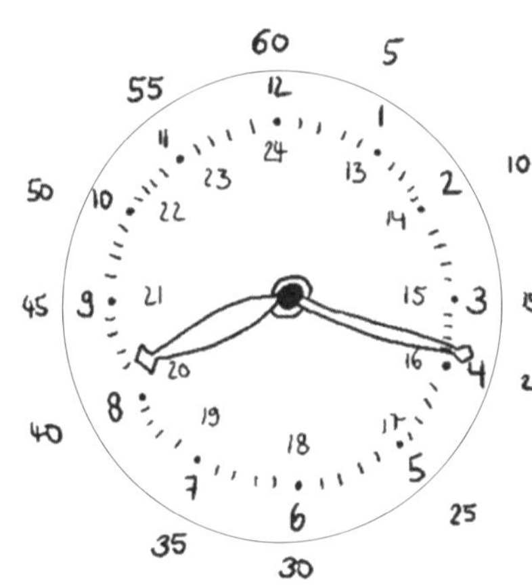

Wie viel Uhr ist es? *(Quelle heure est-il?)*

Es ist…

08:00	*acht Uhr*	**22:15**	______________________
10:15	*zehn Uhr fünfzehn*	**07:45**	______________________
13:30	*dreizehn Uhr dreißig*	**18:09**	______________________
11:05	*elf Uhr fünf*	**19:25**	______________________

pünktlich *(à l'heure)* 

zu spät *(en retard)* 

Landherr/Streicher/Hörtrich: Cahier d'exercices Deutschkurs für Asylbewerber
© Auer Verlag – AAP Lehrerfachverlage GmbH, Augsburg

4 Haushalt und Wohnen *(Le foyer et la maison)*

4.1 Was ist das? *(Qu'est-ce que c'est?)*

der Schrank

das Regal

der Herd

die Treppe

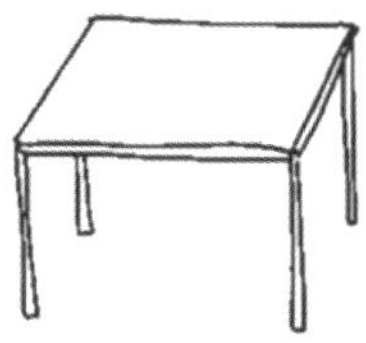

der Tisch

das Waschbecken

die Dusche

die Toilette

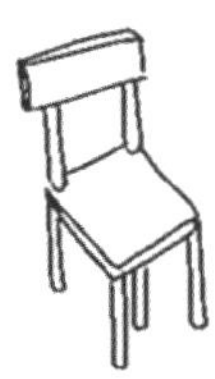

Das ist **ein** Stuhl.

Der Stuhl ist braun.

Das ist **ein** Bett.

Das Bett ist schwarz.

Das ist **eine** Tasse.

Die Tasse ist weiß.

4.2 Das Haus *(La maison)*

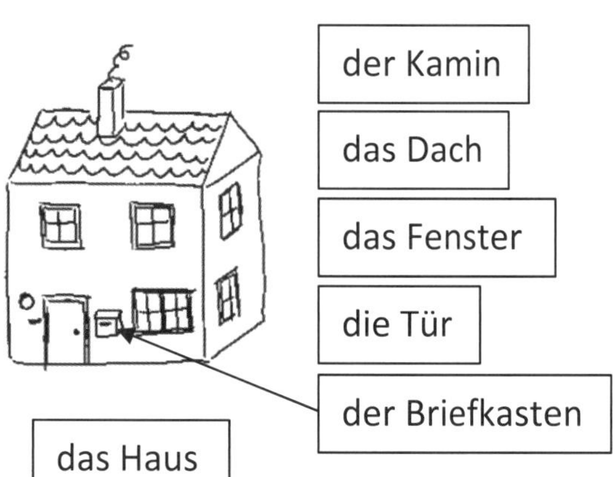

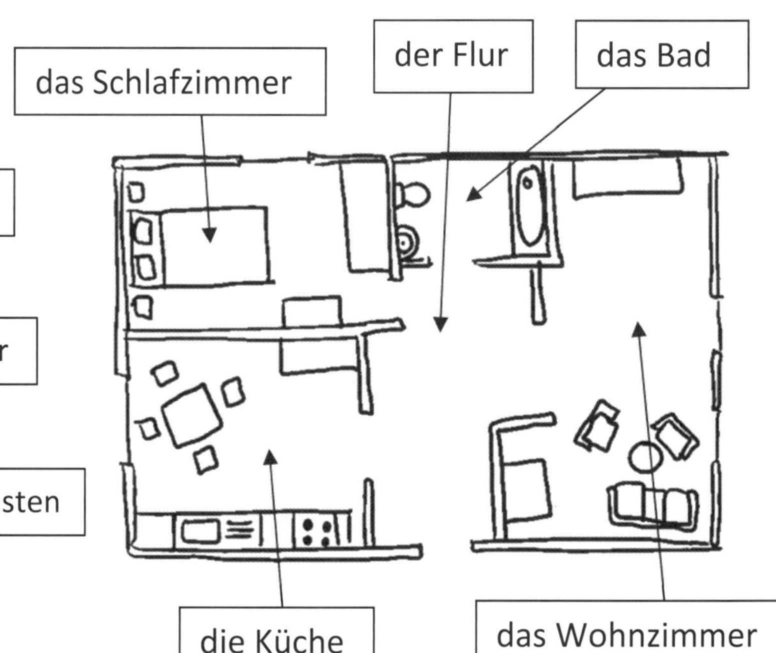

Landherr/Streicher/Hörtrich: Cahier d'exercices Deutschkurs für Asylbewerber
© Auer Verlag – AAP Lehrerfachverlage GmbH, Augsburg

4.3 Wo ist ....? *(Où est...?)*

Wo ist der Stuhl?	Der Stuhl	ist	**im** Wohnzimmer**.**
Wo ist die Dusche?	Die Dusche	ist	**im** Bad**.**
Wo ist das Bett?	Das Bett	ist	**im** Schlafzimmer**.**
Wo ist die Tasse?	Die Tasse	ist	**in der Küche.**

duschen

spülen

telefonieren

Ich dusche im ________________________. Ich spüle ____________________________.

Ich telefoniere _______________________. ______________________________________.

4.4 Kann ich bitte ... haben? *(Est-ce que je peux avoir ..., s´il vous/te plaît?)*

Kann ich bitte	einen / den	Stuhl	haben?
Kann ich bitte	eine / die	Tasse	haben?
Kann ich bitte	ein / das	Bett	haben?

Danke!

Bitte!

das Glas

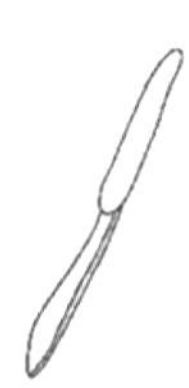
das Messer

die Pfanne

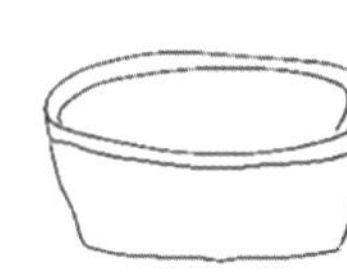
die Schüssel

die Gabel

der Teller

der Löffel

der Sessel

Landherr/Streicher/Hörtrich: Cahier d'exercices Deutschkurs für Asylbewerber
© Auer Verlag – AAP Lehrerfachverlage GmbH, Augsburg

4.5 Wie ist es? *(Comment est …?)*

Das Handy ist **alt**.

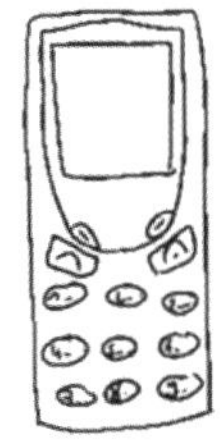

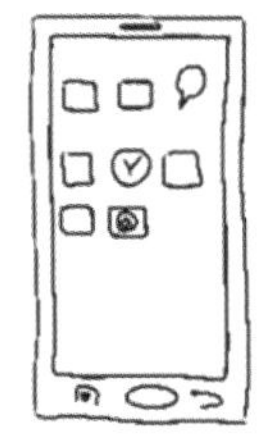

Das Handy ist **neu**.

Der Tisch ist **klein**.

Der Tisch ist **groß**.

Der Teller ist **kaputt**.

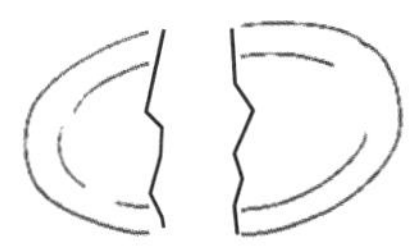

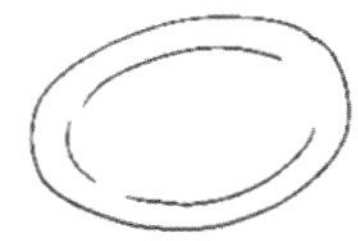

Der Teller ist nicht **kaputt**.

Das ist **mein** Löffel. *(C'est ma cuillière.)* **Der** Löffel ist ______________________

Das ist **meine** Tasse. *(C'est ma tasse.)* **Die** Tasse ist ______________________

Das ist **mein** Handy. *(C'est mon portable.)* **Das** Handy ist ______________________

4.6 Wo ist die Tasse? *(Où est la tasse?)*

Die Tasse ist **auf** dem Tisch.

Die Tasse ist **neben** dem Tisch.

Die Tasse ist **unter** dem Tisch.

der Stuhl:	Die Tasse ist	auf / unter / neben	**dem** Stuhl.
die Treppe:	Die Tasse ist	auf / unter / neben	**der** Treppe.
das Bett:	Die Tasse ist	auf / unter / neben	**dem** Bett.

Landherr/Streicher/Hörtrich: Cahier d'exercices Deutschkurs für Asylbewerber
© Auer Verlag – AAP Lehrerfachverlage GmbH, Augsburg

5 Einkaufen *(Je vais faire les courses)*

5.1 Ich gehe einkaufen *(je fais les courses)*

___ Nudeln ___ Reis ___ Milch ___ Eier

___ Wurst ___ Fisch ___ Käse ___ Brot

___ **Schweine**fleisch ___ **Rind**fleisch ___ **Hähnchen**fleisch ___ **Puten**fleisch

___ Tomate ___ Kartoffel ___ Karotte ___ Paprika ___ Zwiebel

 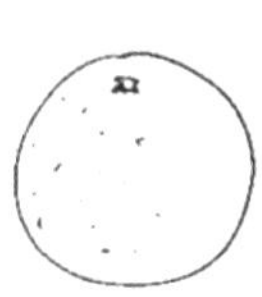   

___ Banane ___ Orange ___ Apfel ___ Zitrone ___ Ananas

Fleisch: ____

Gemüse: ____

Obst: ____

Landherr/Streicher/Hörtrich: Cahier d'exercices Deutschkurs für Asylbewerber
© Auer Verlag – AAP Lehrerfachverlage GmbH, Augsburg

5.2 Einkaufszettel *(Liste des courses)* Ich brauche… *(J'ai besoin de …)*

Einkaufen

- 3 Äpfel
- 4 Bananen
- 10 Eier
- 5 Orangen
- 2 Brote

Einkaufen

- 500g Putenfleisch
- 5 kg Kartoffeln
- 1 l Milch
- 2 Tüten Chips
- 1 Tafel Schokolade

1000 g (Gramm) = 1 kg (Kilo)

1000 ml (Milliliter) = 1 l (Liter)

5.3 Im Supermarkt

Landherr/Streicher/Hörtrich: Cahier d'exercices Deutschkurs für Asylbewerber
© Auer Verlag – AAP Lehrerfachverlage GmbH, Augsburg

5.4 Einkaufsprospekt *(Prospectus de supermarché)*

#54124363/© stockphoto-graf – Fotolia.com

#79305546/© Xavier – Fotolia.com

Wie viel kosten die Orangen?
Die Orangen kosten 1,79 €.
(„ein Euro neun-und-siebzig“).

Das ist **billig.** *(C'est bon marché.)*
Das ist **teuer**. *(C'est cher.)*

Wie viele sind es?
Es sind 3 kg.

Woher kommen die Orangen?
Sie kommen aus Spanien.

Welche Farbe haben die Orangen?
Sie sind orange.

Wie viel kostet ...?

5.5 Mein Einkaufszettel *(Ma liste de courses)*

Nutze die Sonderangebote! *(Profite des promotions!)*

Landherr / Streicher / Hörtrich: Cahier d'exercices Deutschkurs für Asylbewerber
© Auer Verlag – AAP Lehrerfachverlage GmbH, Augsburg

6 Körper und Gesundheit *(Le corps et la santé)*

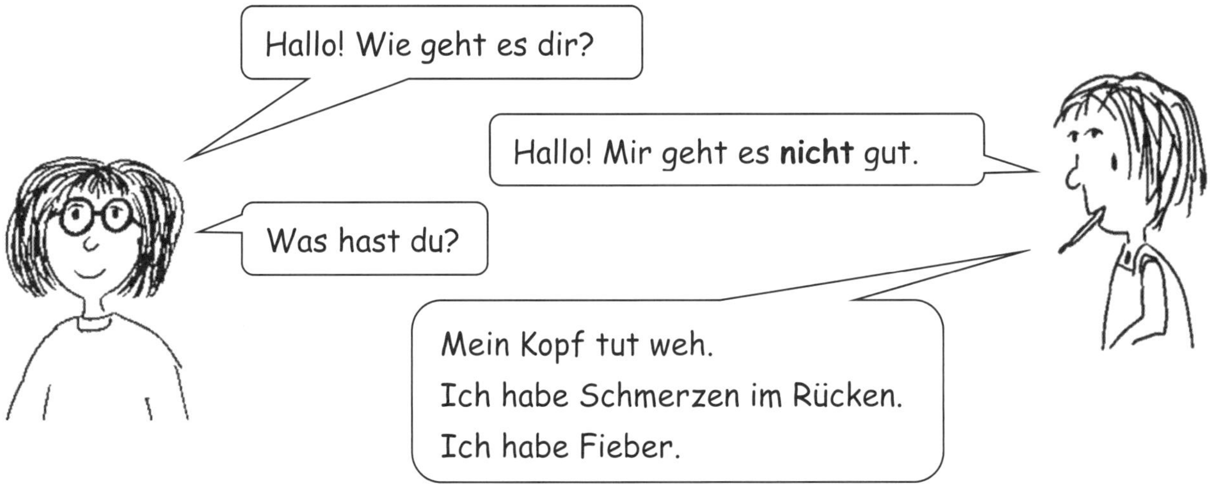

6.1 Mein Körper *(Mon corps)*

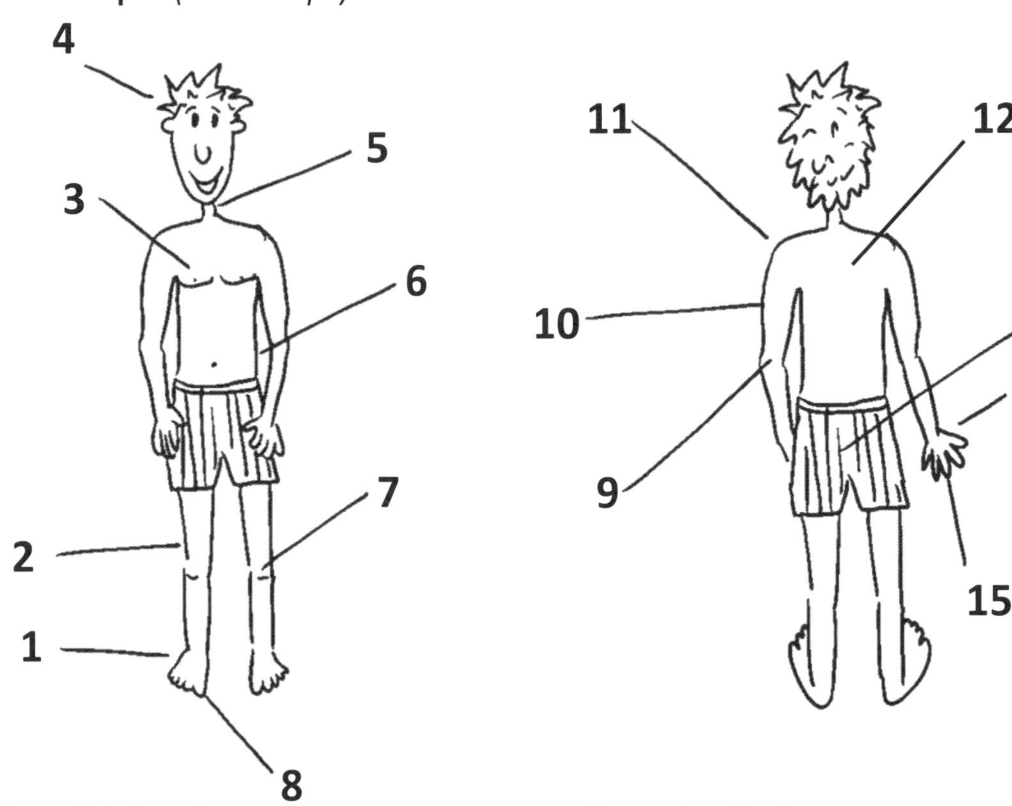

1) der Fuß / die Füße
2) das Bein / die Beine
3) die Brust
4) der Kopf
5) der Hals
6) der Bauch
7) das Knie / die Knie
8) der Zeh / die Zehen
9) der Ellenbogen
10) der Arm / die Arme
11) die Schulter / die Schultern
12) der Rücken
13) der Po
14) die Hand / die Hände
15) der Finger / die Finger
16) ____________________

Landherr/Streicher/Hörtrich: Cahier d'exercices Deutschkurs für Asylbewerber
© Auer Verlag – AAP Lehrerfachverlage GmbH, Augsburg

6.2 Mein Gesicht *(Mon visage)*

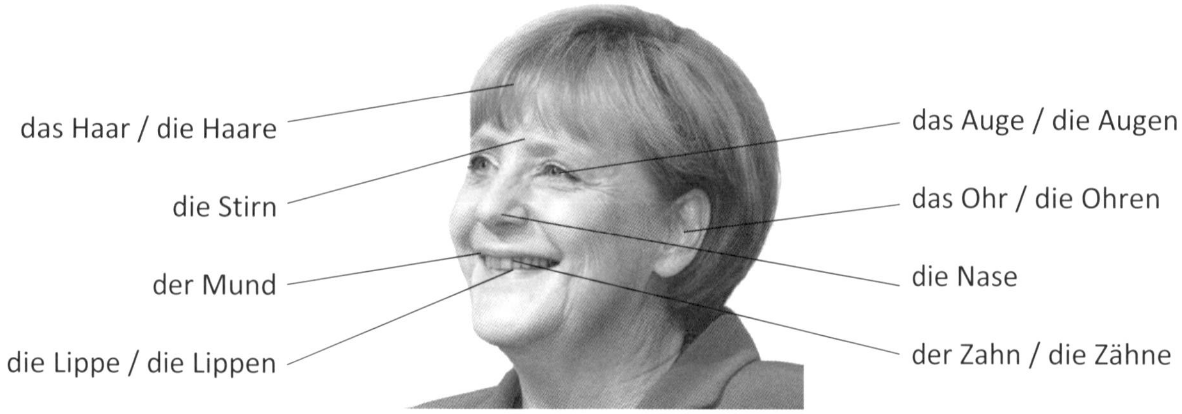

Ralf Roletschek/fahrradmonteur.de
(CC BY-SA 3.0)

Ich habe	braune Augen.	**Meine** Augen sind braun.
Ich habe	schwarze Haare.	**Meine** Haare sind schwarz.

Du hast	schöne Augen.	**Deine** Augen sind schön.
Er hat	kurze Haare.	**Seine** Haare sind kurz.
Sie hat	lange Haare.	**Ihre** Haare sind lang.

Ralf Roletschek/fahrradmonteur.de
(CC BY-SA 3.0)

Das ist **unsere** Bundeskanzlerin.

(C'est notre Chancelière fédérale.)

Sie heißt Angela Merkel.

Sie hat _______________ Augen. Ihre Haare sind _____________

Das ist unser/e Bürgermeister/in. *(C'est notre maire.)*

Er/Sie heißt ____

Die Augen sind ____

Die Haare sind ____

Landherr/Streicher/Hörtrich: Cahier d'exercices Deutschkurs für Asylbewerber
© Auer Verlag – AAP Lehrerfachverlage GmbH, Augsburg

6.3 Ich bin krank *(Je suis malade)*

Ich habe Schmerzen im Kopf / Rücken / Bauch / Zahn.

Ich habe eine Erkältung. Ich habe Husten, Schnupfen und Fieber.

Husten

Schnupfen

Fieber

6.4 In der Apotheke *(À la pharmacie)*

Haben Sie	etwas	gegen Husten und Fieber?
Haben Sie	einen Tee	gegen Halsschmerzen?
Haben Sie	ein Medikament	gegen Erkältung?
Haben Sie	Tabletten	gegen Kopfschmerzen?

6.5 Ich bin sehr krank *(Je suis très malade)*

Ich habe **große** Schmerzen im Bauch / Kopf / Arm / Hals.

Ich brauche einen Termin beim Arzt.
(J'ai besoin d'un rendez-vous chez le médecin.)

Ich rufe bei Dr. ___________ an. *(Je téléphone au docteur ....)*

Ich schreibe den Termin auf.

Ich brauche einen Krankenschein.
(J'ai besoin d'une feuille de maladie.)

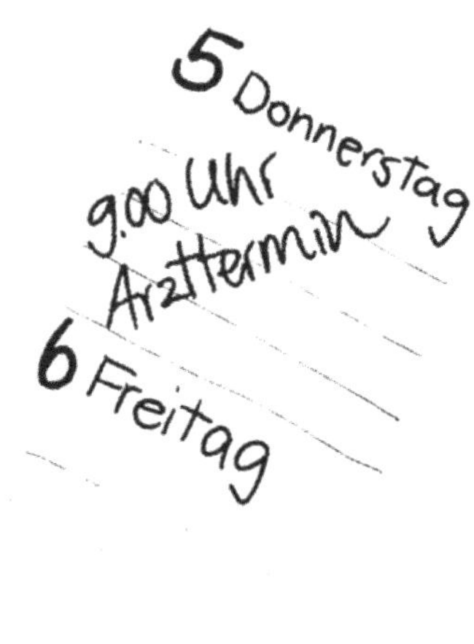

Ich muss **pünktlich** sein. *(Je dois être à l'heure)*

Landherr / Streicher / Hörtrich: Cahier d'exercices Deutschkurs für Asylbewerber
© Auer Verlag – AAP Lehrerfachverlage GmbH, Augsburg

6.6 Beim Arzt *(Chez le médecin)*

Sie müssen... *(Il faut ....)*

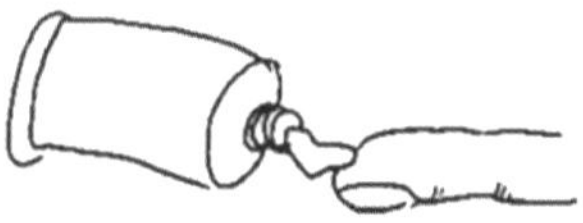

...eine Salbe auftragen

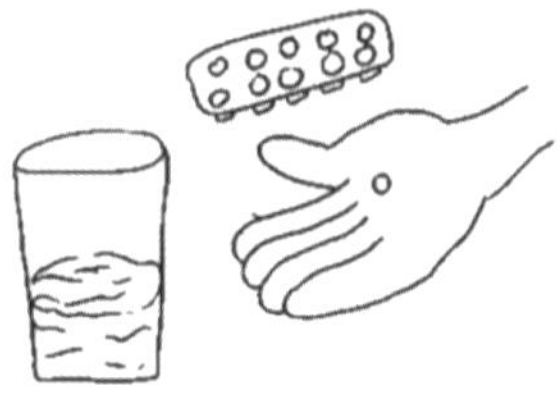

...Medikamente einnehmen

...Bettruhe halten

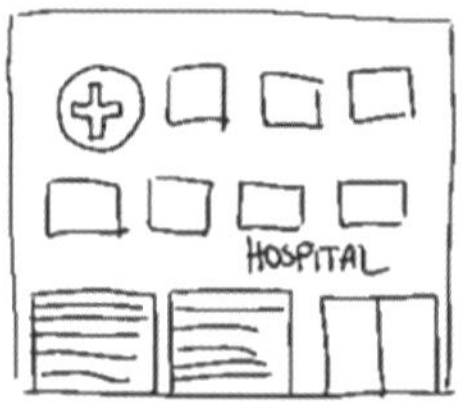

...ins Krankenhaus

Ich gebe Ihnen eine Spritze.

Ich gebe Ihnen ein Rezept *(ordonnance).*

6.7 Ärzte

	Mein Arzt *(Mon médecin):*
Hausarzt:	______________________
Kinderarzt	______________________
Frauenarzt	______________________
Augenarzt	______________________
Zahnarzt	______________________
HNO-Arzt (Hals-Nasen-Ohren)	______________________

Notarzt

112

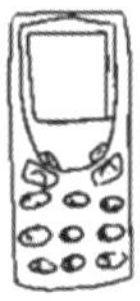

6.8 Meine Familie ist krank

Mein Mann	ist krank.	Er hat	Husten und Halsschmerzen.
Meine Frau	ist krank.	Sie hat	große Schmerzen.
Mein Sohn	ist krank.	Er hat	Schmerzen im Bauch.
Meine Tochter	ist krank.	Sie hat	Fieber.
Mein Kind	ist krank.	Es hat	eine Wunde am Knie.

Landherr / Streicher / Hörtrich: Cahier d'exercices Deutschkurs für Asylbewerber
© Auer Verlag – AAP Lehrerfachverlage GmbH, Augsburg

7 Kleidung, Jahreszeiten und Wetter *(Les vêtements, les saisons et la météo)*

7.1 Kleidung *(Les vêtements)*

der Rock

der Pullover

das Hemd

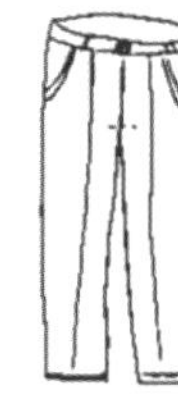
die Hose

der Mantel

die Jacke

die Mütze

das Kopftuch

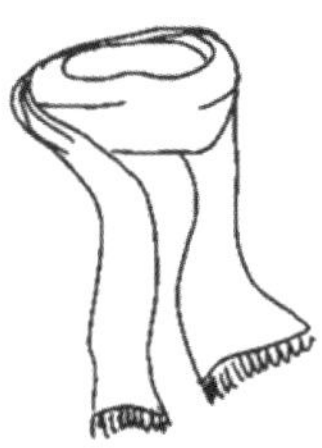
der Schal

das T-Shirt

der Badeanzug

der Gürtel

der BH

die Unterhose

das Unterhemd

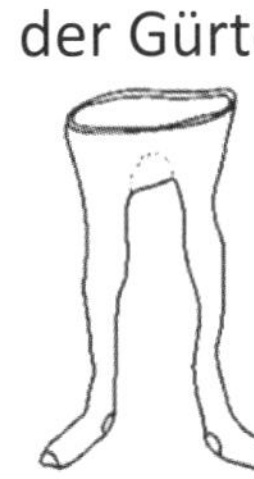
die Strumpfhose

Der Rock	ist	blau / groß / schön ...
Die Hose	ist	lang / kurz / kaputt ...
Das Hemd	ist	neu / alt / billig ...

Einzahl / Singular

die Schuhe

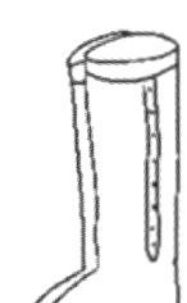
die Stiefel

die Socken

die Handschuhe

Die Schuhe	sind	schwarz / groß / teuer ...
Die Stiefel	sind	klein / eng / kaputt ...

Mehrzahl / Plural

Landherr / Streicher / Hörtrich: Cahier d'exercices Deutschkurs für Asylbewerber
© Auer Verlag – AAP Lehrerfachverlage GmbH, Augsburg

7.2 Im Bekleidungsgeschäft *(Au magasin de vêtements)*

Wo finde ich ...? *(Où puis-je trouver ...?)*

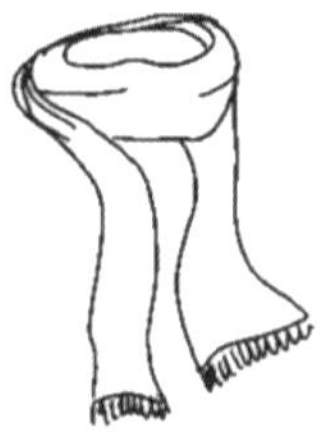   

einen Schal eine ____________ ein ______________ _________________

Was kostet ...? *(C'est combien ... ?)*

der Pullover die ______________ das ______________ _________________

Was kosten ...? *(C'est combien ...?)*

... die Socken die ______________ die ______________ _______________

... passt / passt nicht. *(... me va / ne me va pas.)*

der Mantel die ______________ das ______________ _______________

... passen / passen nicht. *(...me vont / ne me vont pas.)*

   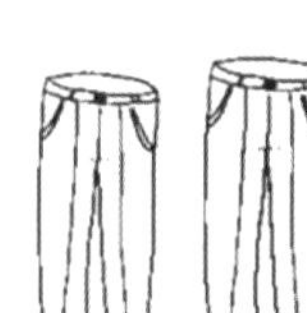

Die Socken Die ______________ Die ______________ Die ______________

Landherr/Streicher/Hörtrich: Cahier d'exercices Deutschkurs für Asylbewerber
© Auer Verlag – AAP Lehrerfachverlage GmbH, Augsburg

7.3 Fadouma kauft Kleidung

Verkäuferin

Kasse
Fadouma

Verkäuferin: Guten Morgen!

Fadouma: Guten Morgen!

Verkäuferin: Kann ich Ihnen helfen?

Fadouma: Wo finde ich …?

Verkäuferin: Dort hinten finden Sie …

Kleidungsgrößen

Fadouma: Haben Sie die Kleidungsgröße …?

Verkäuferin: Hier, bitte.

Fadouma: Wo finde ich die Umkleide?

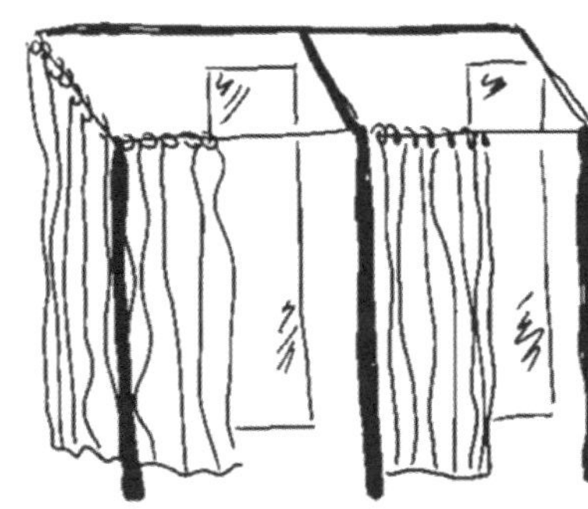
Umkleide

Verkäuferin: Dort hinten.

Fadouma: Es passt (nicht) gut. Was kostet …?

Verkäuferin: 39 Euro.

Fadouma: Das ist mir zu teuer. Haben Sie ein Sonderangebot?

Verkäuferin: Ja, hier.

Sonderangebot

Fadouma: Danke, ich kaufe es. Wo ist die Kasse?

> ⚠ Kassenzettel wegen Umtausch
> gut aufbewahren.
> *(Il faut garder le ticket de caisse pour*
> *pouvoir échanger ou retourner l'article)* ⚠

Landherr/Streicher/Hörtrich: Cahier d'exercices Deutschkurs für Asylbewerber
© Auer Verlag – AAP Lehrerfachverlage GmbH, Augsburg

7.4 Die Jahreszeiten *(Les saisons)*

Winter		**Frühling**			**Sommer**			**Herbst**			**Winter**
Januar	Februar	März	April	Mai	Juni	Juli	August	September	Oktober	November	Dezember

Die Monate im **Frühling** heißen

____

Die Monate im **Sommer** heißen

____

Die Monate im **Herbst** heißen

____

Die Monate im **Winter** heißen

____

Jetzt ist ______________________

Bald ist ______________________

Der 1. (erste) Monat im Jahr heißt ______________________

Der 2. (zweite) Monat ______________________

Der 3. ______________________

____

____

____

____

____

1. = erste
2. = zweite
3. = dritte
4. = vierte
5. = fünfte
6. = sechste
7. = siebte
8. = achte
9. = neunte
10. = zehnte
11. = elfte
12. = zwölfte

Ich habe im Monat ______________ Geburtstag. Ich bin im ______________ geboren.

Landherr/Streicher/Hörtrich: Cahier d'exercices Deutschkurs für Asylbewerber
© Auer Verlag – AAP Lehrerfachverlage GmbH, Augsburg

7.5 Das Wetter in Deutschland *(La météo en Allemagne)*

 Es ist kalt.	 Es schneit.	 Es regnet.	 Es ist sonnig.
 Es ist warm.	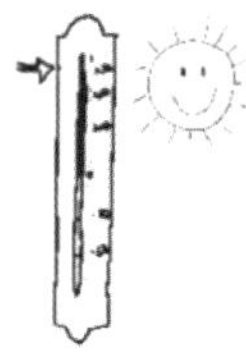 Es ist heiß.	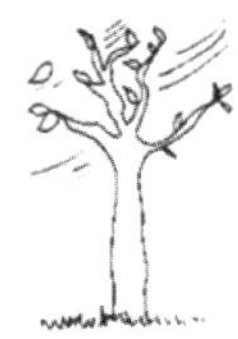 Es ist windig.	 Es ist gewittrig.

Was machst du im Winter?

 der Schneemann	 der Schlitten	 die Schneeschaufel

Ich baue einen Schneemann. Wir bauen ______________________

Ich fahre Schlitten. Wir ______________________

Ich räume Schnee mit der Schneeschaufel. Wir ______________________

Was machst du im Sommer?

 das Schwimmbad	 das Eis	 die Sonne

Ich gehe in das Schwimmbad. Wir gehen ______________________

Ich esse ein Eis. Wir ______________________

Ich genieße *(profiter de)* die Sonne. Wir ______________________

Kleidung

Im **Sommer**	☐	☐	☐	☐
Im **Winter**	☐	☐	☐	☐

Landherr/Streicher/Hörtrich: Cahier d'exercices Deutschkurs für Asylbewerber
© Auer Verlag – AAP Lehrerfachverlage GmbH, Augsburg

8 Arbeiten und Lernen *(Travailler et apprendre)*

8.1 Berufe *(Les métiers)*

Was arbeitest du? / Was arbeiten Sie? *(Quel est ton/votre métier?)*

Ich arbeite als Maler/Ich arbeite als Maler**in.** *(Je travaille comme …)*
Ich bin ein Maler/Ich bin eine Maler**in.** *(Je suis un/une …)*
Ich möchte gerne als Maler/Maler**in** arbeiten. *(Je voudrais travailler comme …)*

Maler

Maler**in**

Maler

Maurer

Elektriker

Automechaniker

Gärtner

Hausmeister

Friseurin

Lehrer

Koch
Köchin

Putzfrau
Putzmann

Sekretärin

Verkäuferin

Altenpfleger

Kellner

Erzieher

Krankenpfleger
Krankenschwester

Pfarrer

____

8.2 Arbeitsstellen *(Les lieux de travail)*

die Schule

das Krankenhaus

das Restaurant

____

Wer arbeitet **in der Schule**? ____________________ arbeitet in der Schule.

Wer arbeitet **im Restaurant**? ____________________ arbeitet im Restaurant.

Wer arbeitet **im Krankenhaus**? ____________________________________

Landherr/Streicher/Hörtrich: Cahier d'exercices Deutschkurs für Asylbewerber
© Auer Verlag – AAP Lehrerfachverlage GmbH, Augsburg

8.3 Wer arbeitet wo?

Der Automechaniker arbeitet	in der Schule.
Die Verkäuferin arbeitet	im Altenheim.
Die Sekretärin arbeitet	im Kindergarten.
Die Erzieherin arbeitet	in der Autowerkstatt.
Der Altenpfleger arbeitet	im Büro.
Die Lehrerinnen arbeiten	im Supermarkt.

8.4 Geräte und Kleidung *(Les ustensiles et les vêtements)*

Zum Arbeiten brauche ich... *(Pour mon travail j'ai besoin de...)*

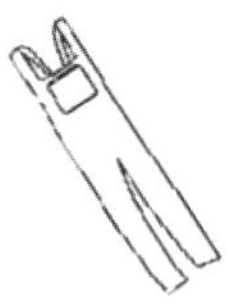

eine Arbeitshose

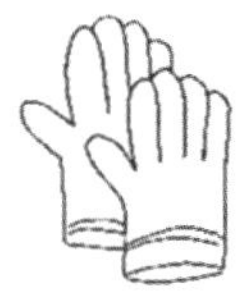

Arbeitshandschuhe

Arbeitsschuhe

einen Schraubenzieher

Werkzeug

einen Besen

Putzmittel

eine Schere

einen Computer

Stifte

einen Pinsel

____

8.5 Ich suche Arbeit *(Je cherche du travail)*

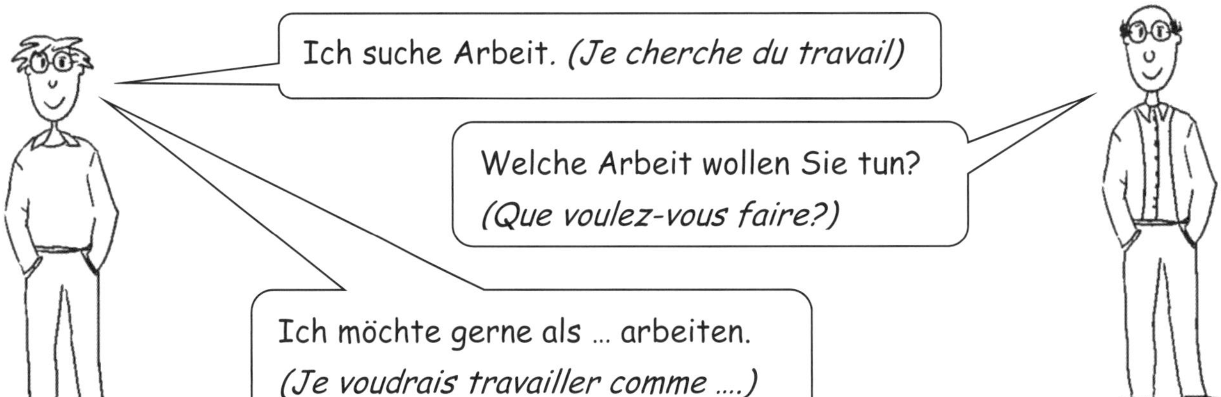

Landherr/Streicher/Hörtrich: Cahier d'exercices Deutschkurs für Asylbewerber
© Auer Verlag – AAP Lehrerfachverlage GmbH, Augsburg

8.6 Mein Kind geht ... *(Mon enfant va ...)*

in die Kinderkrippe (0-3 Jahre)

in den Kindergarten (3-6 Jahre)

in die Schule (6-18 Jahre)

8.7 Stundenplan in der Schule *(L´emploi du temps à l'école)*

Stundenplan

	Zeit	Montag	Dienstag	Mittwoch	Donnerstag	Freitag
1. Stunde	8.00 - 8.45	Deutsch	Englisch	Sport	Physik	Biologie
2. Stunde	8.45 - 9.30	Mathematik	Religion	Sport	Chemie	Geographie
.	9.30 - 9.45	PAUSE	PAUSE	PAUSE	PAUSE	PAUSE
3. Stunde	9.45 - 10.30	Musik	Kunst	Geschichte		
.						

8.8 Was machst du heute? *(aujourd'hui)* Was hast du gestern gemacht? *(hier)*

Gegenwart *(présent)*	Vergangenheit *(passé)*
ich lerne	ich **habe** **ge**lernt
ich male	ich **habe** **ge**malt
ich mache Sport	ich **habe** Sport **ge**macht
ich lese	ich **habe** **ge**lesen (!)
ich schreibe	ich **habe** **ge**schrieben (!)
ich singe	ich **habe** **ge**sungen (!)

8.9 Entschuldigung! *(Pardon!)*

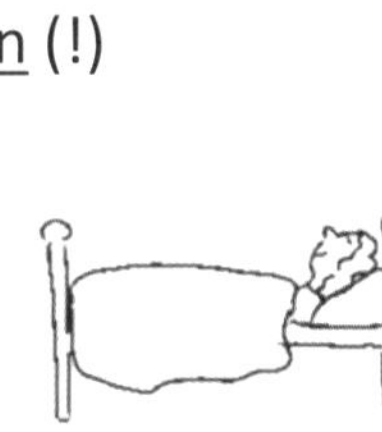

Mein Kind ist heute krank und kann nicht in die Schule kommen.

(Mon enfant est malade aujourd'hui et ne peut pas aller à l'école)

> **!** Bitte immer vor Beginn des Unterrichts die Schule anrufen! *(Veuillez toujours téléphoner à l'école avant que les cours ne commencent!)* **!**

Landherr/Streicher/Hörtrich: Cahier d'exercices Deutschkurs für Asylbewerber
© Auer Verlag – AAP Lehrerfachverlage GmbH, Augsburg

8.10 Was hast du gemacht?

	Montag	Dienstag	Mittwoch	Donnerstag
am Morgen	 das Haus **putzen**	 Kleidung **waschen**	 ein Buch **lesen**	______________
am Vormittag	 **kochen**	 Einkaufen **gehen**	 Fußball **spielen**	______________
am Mittag	 **essen**	 spazieren **gehen**	 Arzttermin **haben**	______________
am Nachmittag	 **arbeiten**	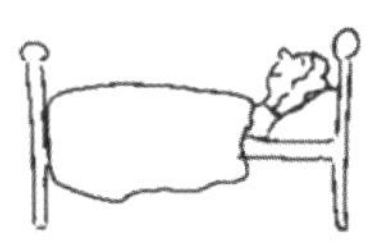 **schlafen**	 **telefonieren**	______________
am Abend	 **duschen**	 Deutsch **lernen**	 **fernsehen**	______________

putzen	ich habe **geputzt**	schlafen	ich habe **geschlafen**
kochen	ich habe **gekocht**	essen	ich habe **gegessen**
telefonieren	ich habe **telefoniert**	duschen	ich habe **geduscht**
lesen	ich habe **gelesen**	waschen	ich habe **gewaschen**
spielen	ich habe **gespielt**	arbeiten	ich habe **gearbeitet**
gehen	Ich bin **gegangen**	haben	Ich habe ... **gehabt**

Was hast du am Donnerstag gemacht? Ich habe ______________________________

Landherr/Streicher/Hörtrich: Cahier d'exercices Deutschkurs für Asylbewerber
© Auer Verlag – AAP Lehrerfachverlage GmbH, Augsburg

9 Kommunikation, Medien und Freizeit *(La communication, les médias et les loisirs)*

9.1 Was gibt es Neues? *(Quoi de neuf?)* Was ist passiert? *(Qu'est-ce qui s'est passé?)*

Ich schreibe ... Ich sende ... Ich lese ... Ich höre ... Ich benutze ...

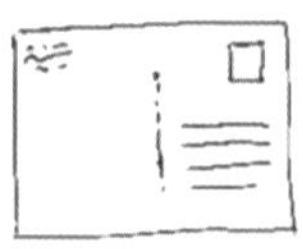
eine Karte

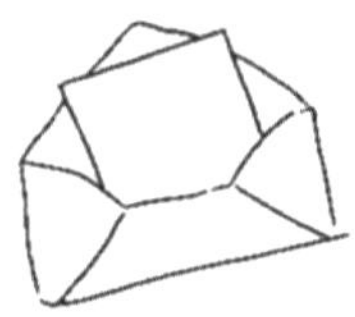
einen Brief

ein Paket

ein Radio

eine Zeitschrift

eine SMS

eine Zeitung

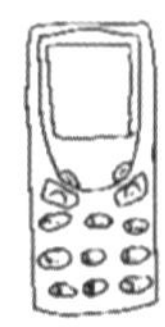
ein Handy

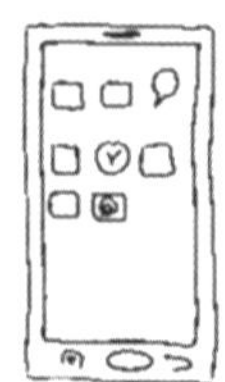
ein Smartphone

ein Buch / Bücher

einen PC

das Internet

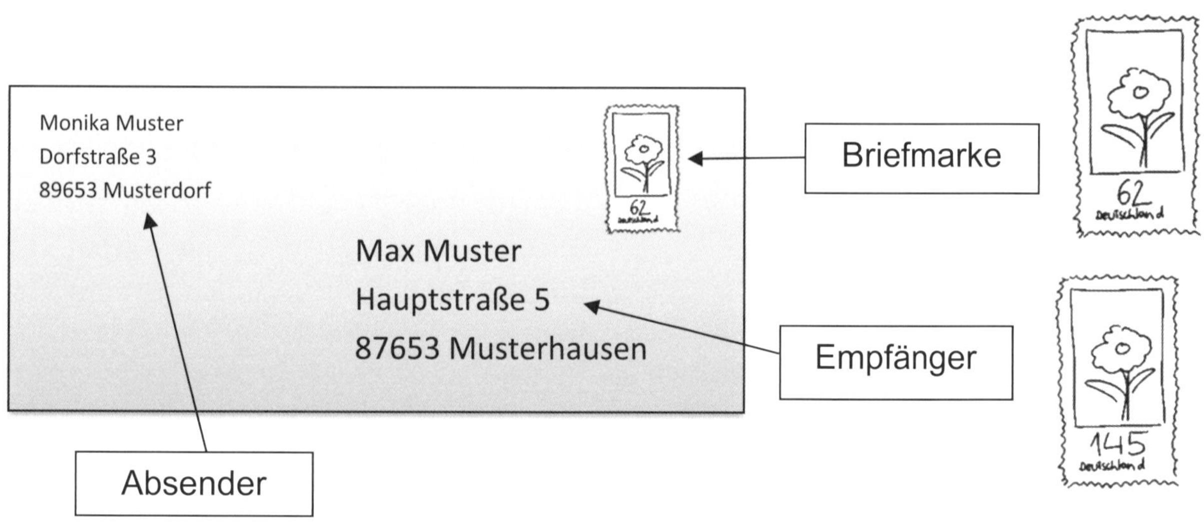

9.2 Orte *(Les lieux)*

Ich kann dort Bücher/CDs/DVDs ausleihen.

Ich kann dort kopieren/ausdrucken.

Ich kann dort im Internet surfen/ etwas scannen.

Landherr/Streicher/Hörtrich: Cahier d'exercices Deutschkurs für Asylbewerber
© Auer Verlag – AAP Lehrerfachverlage GmbH, Augsburg

9.3 Kein Leben ohne Smartphone? *(Pas de vie sans smartphones?)*

Ich ...

□ spiele	□ chatte	□ maile	□ telefoniere
□ lerne	□ fotografiere	□ übersetze	... mit dem Smartphone / Handy.

Warnung: Handy-Vertrag online abschließen ist gefährlich!
Vorsicht vor teuren Internetverträgen und Bezahlung per Handy!

***Attention**: Signer un contrat forfait mobile en ligne peut être dangereux. Soyez prudent en ce qui concerne les contrats internet et les paiements par téléphones portables.*

Demandez à quelqu'un de vous aider.

9.4 Freizeit, Hobby *(Temps libre, hobby)*

gerne

ungern

Ich telefoniere **gerne**.

Ich gehe **ungern** spazieren.

immer *(toujours)*	oft *(souvent)*	manchmal *(parfois)*	nie *(jamais)*
Ich bin **immer** pünktlich.	Ich lerne **oft** Deutsch.	Ich singe **manchmal**.	Ich komme **nie** zu spät.

Was machst du **gerne** in der Freizeit? Ich ...

□ gehe spazieren	□ lese	□ sehe fern
□ telefoniere	□ höre Musik	□ singe
□ fahre Rad	□ gehe schwimmen	□ spiele mit Kindern
□ mache Sport	□ helfe	□ lerne Deutsch
□ surfe im Internet	□ besuche Freunde *(voir des amis)*	

Was machst du **ungern** in der Freizeit?

Landherr / Streicher / Hörtrich: Cahier d'exercices Deutschkurs für Asylbewerber
© Auer Verlag – AAP Lehrerfachverlage GmbH, Augsburg

10 Verkehr und Orientierung *(La circulation et l´orientation)*

10.1 Verkehrsmittel *(Les moyens de transport)*

Ich möchte nach München fahren. *(Je voudrais aller à Munich)*
Ich fahre mit ... *(Je prends ...)*

...dem Taxi.

...dem Bus.

...dem Zug.

... der Straßenbahn.

... der U-Bahn.

... dem Fahrrad.

10.2 Der Busfahrplan *(Les horaires de bus)*

Ich fahre mit dem Bus **von** Krumbach **nach** Thannhausen.

Linie 600 Krumbach – Augsburg

→	Montag - Freitag										
VERKEHRSHINWEIS				S	S		S	S	F		
Krumbach, Obhf. (Steig A)		05.10	05.35		06.05	06.10	06.35	07.30	07.30	08.35	09.35
- Bahnhof (Steig A)		05.13	05.39		06.09	06.14	06.38	07.34	07.34	08.39	09.39
- Bahnhof (Steig E)		⌇	⌇		⌇	⌇	⌇	⌇	⌇	⌇	⌇
- Munding B300		05.15	05.43		06.13	06.18	06.42	07.38	07.38	08.43	09.43
Krumbad, B300		05.17	05.45		06.15	06.20	06.44	07.40	07.40	08.45	09.45
Edenhausen, Gh Löwen		⌇	⌇		06.18	⌇	06.47	⌇	⌇	⌇	⌇
- Edenhausen B300		05.20	05.48		⌇	06.23	⌇	07.43	07.43	08.48	09.48
Ursberg, B300 (alt)		05.22	05.51		06.21	06.26	⌇	07.45	07.45	08.51	09.51
- Förderschule		⌇	⌇		⌇	⌇	⌇	07.46	⌇	⌇	⌇
- Gymnasium (Steig 1)		⌇	⌇		⌇	⌇	06.50	⌇	⌇	⌇	⌇
- Gymnasium (Steig 6)		⌇	⌇		⌇	⌇		⌇	⌇	⌇	⌇
- Gymnasium (Steig 9)		⌇	⌇		⌇	⌇		⌇	⌇	⌇	⌇
Oberrohr, Südl. Ortsrand		05.24	05.53		06.23	06.28		T07.50	T07.50	T08.53	T09.53
Ursberg, St.Maria		05.25	05.54		06.24	06.29		07.51	07.51	08.54	09.54
Thannhausen, Ursberg. Str.	04.58	05.27	05.56		06.26	06.31		07.53	07.53	08.56	09.56
- Kirche an	04.59	05.28	05.58		06.28	06.33		07.55	07.55	08.58	09.58
- Kirche ab	04.59	05.29	05.59		06.29	06.34		07.59	07.59	08.59	09.59
- Schulzentrum (Steig 6)	⌇	⌇	⌇		⌇	⌇		⌇	⌇	⌇	⌇
- Kreisaltenheim	05.00	05.30	06.00		06.30	06.35		08.00	08.00	09.00	10.00

S = nur an Schultagen *(seulement les journées scolaires)*

F =nur in den Ferien *(seulement pendant les vacances)*

Fahrkarte

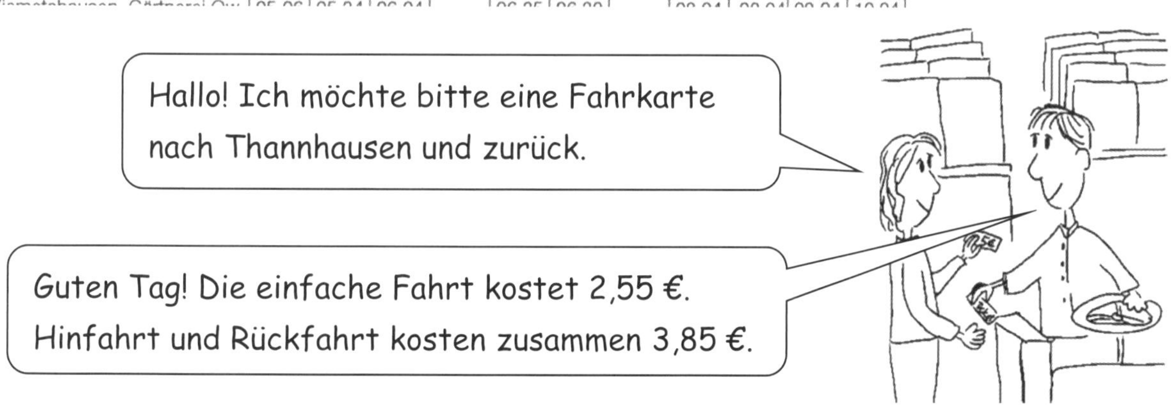

Landherr/Streicher/Hörtrich: Cahier d'exercices Deutschkurs für Asylbewerber
© Auer Verlag – AAP Lehrerfachverlage GmbH, Augsburg

10.3 Der Zugfahrplan *(Les horaires de train)*

Ich fahre **von** Augsburg **nach** München und dann **von** München **nach** Nürnberg.

Bahnhof/Haltestelle

Gleis

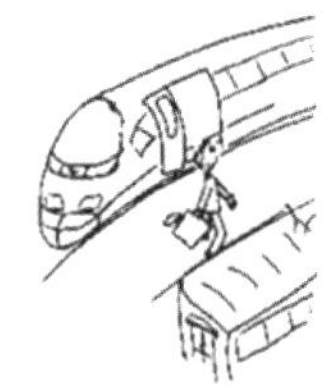

Umst. = Umsteigen

Bahnhof/Haltestelle	Datum	Zeit		Gleis	Dauer	Umst.
Augsburg Hbf	Mo, 20.04.15	ab	11:55	4		
München Hbf	Mo, 20.04.15	an	12:27	15		
Umsteigezeit 24 Min.					2:02	1
München Hbf	Mo, 20.04.15	ab	12:51	22		
Nürnberg Hbf	Mo, 20.04.15	an	13:57	6		

Datum *(date)*
ab = Abfahrt *(heure de départ)*

Zeit *(heure)*
an = Ankunft *(heure d'arrivée)*

Dauer *(durée du voyage)*

10.4 Fragen im Bahnhof oder im Zug *(Questions à la gare ou dans le train)*

Wann fährt der Zug nach ...?	*Quand part le prochain train pour ...?*
Hat der Zug Verspätung?	*Est-ce que le train est en retard?*
Wie lange dauert die Fahrt?	*Combien de temps durera le voyage?*
Muss ich umsteigen?	*Me faudra-t-il changer de train?*

10.5 Billig reisen – besondere Fahrkarten *(Voyager à bas prix – tickets spéciaux)*

Zum Beispiel = z. B. *(par exemple)*: **Bayernticket**

bis zu 5 Personen

1 Tag

ab 9 Uhr, Wochenende ab 0 Uhr

ganz Bayern

kein ICE

Landherr/Streicher/Hörtrich: Cahier d'exercices Deutschkurs für Asylbewerber
© Auer Verlag – AAP Lehrerfachverlage GmbH, Augsburg

10.6 Suche im Stadtplan *(Cherche sur le plan de ville)*

Straße

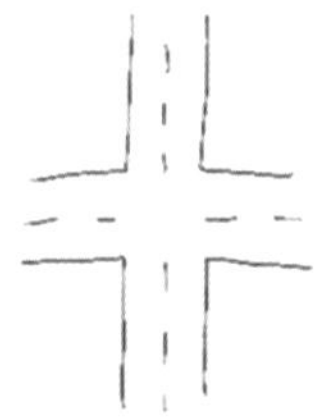
Kreuzung

Zebrastreifen

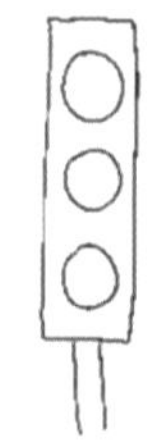
Ampel

links

rechts

geradeaus

Haltestelle

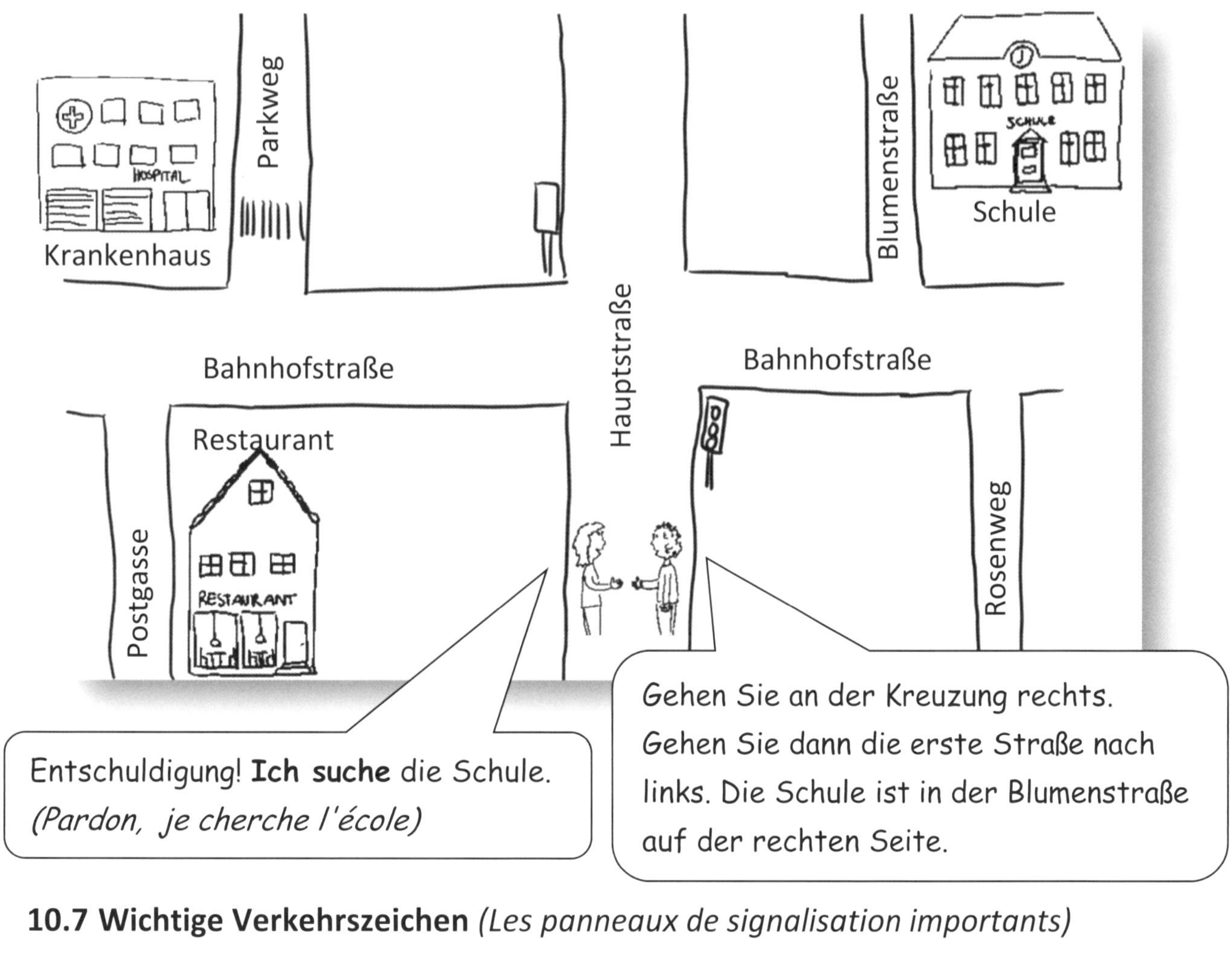

10.7 Wichtige Verkehrszeichen *(Les panneaux de signalisation importants)*

Halt

Vorfahrt achten

Vorfahrtstraße

Zebrastreifen

nur eine Richtung

Landherr/Streicher/Hörtrich: Cahier d'exercices Deutschkurs für Asylbewerber
© Auer Verlag – AAP Lehrerfachverlage GmbH, Augsburg

11 Behörden, Religion und Brauchtum *(Administration, religions et traditions)*

11.1 Behörden für Asylbewerber *(Les autorités pour les demandeurs d'asile)*

Ausländerbehörde im Landratsamt oder in der Stadtverwaltung

Adresse: ____

Job-Center im Landratsamt oder in der Stadtverwaltung

Adresse: ____

Bundesagentur für Arbeit

© Bundesagentur für Arbeit

Bundesamt für Migration und Flüchtlinge

Adresse: ____

Bundesamt für Migration und Flüchtlinge

© Bundesamt für Migration und Flüchtlinge

11.2 Das Asyl-Verfahren *(La procédure de demande d'asile)*

Quelle: http://journalistenschule-ifp.de/ Stand 2013

Landherr/Streicher/Hörtrich: Cahier d'exercices Deutschkurs für Asylbewerber
© Auer Verlag – AAP Lehrerfachverlage GmbH, Augsburg

11.3 Religion *(Les religions)*

Foto: Karl Landherr

„Ich glaube an Gott." *(„Je crois en Dieu.")*

Christen und Muslime – Gemeinsam geht es besser!

(Chrétiens et Musulmans – vivre ensemble, c´est mieux!)

Mein Glaube: Ich bin ________________________

Christentum *(Christianisme)*

Glaubensbekenntnis *(Credo)*

Jesus Christus als der Sohn Gottes:

"Liebe deinen Nächsten wie dich selbst!"
(Aime ton prochain comme toi-même)

Das Kreuz als Symbol *(La croix)*

Die Bibel als Heilige Schrift *(la Bible)*

Kirche *(église)*

Islam *(Islam)*

5 Säulen des Islam *(les 5 piliers de l'Islam)*

Mohammed als der Prophet Allahs:

Glaubensbekenntnis – Shahada

Gebet – Salat (Koran als Heilige Schrift)

Almosen geben – Zakat geben

Fasten im Monat Ramadan – Saum

Pilgerreise nach Mekka – Hadsch

Moschee *(mosquée)*

11.4 Religiöse Feste *(Les fêtes religieuses)*

Weihnachten *(Noël)*

Ostern *(Pâques)*

Pfingsten *(Pentecôte)*

<u>Gottesdienst</u> am <u>Sonntag</u>

um ________________ Uhr

Opferfest – Id al-Adha

Zuckerfest – Id al-Fitr

Ramadan

<u>Freitagsgebet</u> – Salāt al-dschumʿa

um ________________ Uhr

Landherr/Streicher/Hörtrich: Cahier d'exercices Deutschkurs für Asylbewerber
© Auer Verlag – AAP Lehrerfachverlage GmbH, Augsburg

11.5 Feste in Deutschland *(Les fêtes en Allemagne)*

Frohe Weihnachten!

(Joyeux Noël!)

Frohes neues Jahr!

(Bonne Année!)

Helau! Fasching

(Le Carnaval)

Frohe Ostern!

(Joyeuses Pâques!)

11.6 Wünsche *(Les félicitations)* Alles Gute … *(Tous nos vœux pour …)*

zum Geburtstag
(… ton/votre anniversaire)

zur Hochzeit
(… ton/votre mariage)

zur Geburt
(… la naissance)

zum Führerschein
(… ton/votre permis de conduire)

Gute Besserung!
(Bon rétablissement!)

Gesundheit!
(A tes/vos souhaits!)

Herzliches Beileid!
(Mes/nos Condoléances!)

Gute Fahrt!

(Bon voyage!)

Notizen *(notes):*

Landherr/Streicher/Hörtrich: Cahier d'exercices Deutschkurs für Asylbewerber
© Auer Verlag – AAP Lehrerfachverlage GmbH, Augsburg

12 Anhang (Annexes)

12.1 Mein Steckbrief *(Mon portrait)*

Das bin ich!

Mein Name ist______________________________

(Vorname, Familienname / *prénom, nom de famille)*

Ich bin ein/eine ____________ O männlich O weiblich (Geschlecht / *sexe)*

Ich komme aus __________________, __________________ (Land, Stadt / *pays, ville)*

Ich wohne jetzt in __________________________, __________________________

(Stadt, Straße / *ville, rue)*

O Ich bin alleine in Deutschland *(Je suis seul(e) en Allemagne).*

O Ich bin zusammen mit ____________________________________ in Deutschland.

Ich bin ____ Jahre alt. Mein Geburtsdatum *(date de naissance)* ist der ______________

Meine Haarfarbe ist ____________________ *(couleur de cheveux)*

Meine Augenfarbe ist ___________________ *(couleur des yeux)*

Ich spreche ____

Ich lerne jetzt ____

____

Landherr/Streicher/Hörtrich: Cahier d'exercices Deutschkurs für Asylbewerber
© Auer Verlag – AAP Lehrerfachverlage GmbH, Augsburg

12.2 Das kann ich gut. Das mache ich gerne. *(Ce que je fais bien. Ce que je fais volontiers)*

□ Ich spreche □ Deutsch □ Englisch □ ________________ □ ________________

□ Ich war in meinem Heimatland ____ Jahre in der Schule.

□ Ich habe einen Beruf gelernt. Ich habe als ______________________________ gearbeitet.

Ich kann gut *(Je sais...)*

□ mit Holz *(bois)* arbeiten □ mit Metall *(métal)* arbeiten □ malen *(peindre)*

□ mit Pflanzen und im Garten arbeiten *(travailler avec des plantes et dans le jardin)*

□ mit Elektrogeräten und am PC arbeiten *(travailler avec des appareils électriques et un ordinateur)*

□ Senioren oder Kranken helfen *(aider des gens âgés ou malades)* □ mit Kindern spielen

□ putzen (faire le ménage*)*

□ einem Hausmeister helfen *(aider le concierge)*

□ kochen (*cuisiner*) □ Kleidung nähen *(coudre des vêtements)*

□ ______________________________ □ ______________________________

□ Ich habe einen Führerschein *(permis de conduire)* für Deutschland.

□ Ich kann schwimmen.

Das mache ich gerne *(J'aime bien ...)*

□ Musik hören □ singen □ tanzen □ wandern

□ Sport □ Fußball spielen □ Rad fahren □ ____________

Name: ______________________________ **Vorname:** ______________________________

Alter: ______________________________ **Herkunftsland:** ______________________________

Ankunft in Deutschland: _______________ **Telefonnummer:** ______________________

E-Mail Adresse: ____

Landherr/Streicher/Hörtrich: Cahier d'exercices Deutschkurs für Asylbewerber
© Auer Verlag – AAP Lehrerfachverlage GmbH, Augsburg

12.3 Ich arbeite als Altenpfleger *(Je travaille comme infirmier pour personnes âgées)*

Wie geht es Ihnen heute?	*Comment allez-vous aujourd'hui?*
Wie haben Sie geschlafen?	*Avez-vous bien dormi?*
Kann ich Ihnen helfen?	*Puis-je vous aider?*
Haben Sie Schmerzen?	*Vous avez mal?*
Wo haben Sie Schmerzen? Zeigen Sie es mir.	*Où avez-vous mal? Montrez-moi.*
Brauchen Sie etwas?	*Vous avez besoin de quelque chose?*
Entschuldigung, wohin gehen Sie?	*Excusez-moi, où allez-vous?*
Hat es Ihnen geschmeckt?	*Est-ce que votre repas était bon?*
Wollen Sie etwas zu trinken / ein Buch / etwas mit mir spielen ...?	*Voulez-vous quelque chose à boire / un livre / jouer avec moi ?*
Ich bringe Ihnen das Essen / etwas zu lesen / Ihre Brille / Ihre Medikamente / Ihre Tabletten / ein Glas Wasser / Tee	*Je vous apporte votre repas / quelque chose à lire / vos lunettes / vos médicaments / vos comprimés / un verre d'eau / du thé ...*
Ich messe Ihren Blutdruck. Er ist sehr gut. Er ist ein wenig zu hoch. / Er ist ein wenig zu niedrig. – Keine Sorge.	*Je prends votre tension artérielle* *C'est bien.* *C'est un peu trop élevé.* *C'est un peu trop bas. - Ne vous inquiétez pas.*
Warten Sie. Ich helfe Ihnen.	*Attendez un moment. Je vais vous aider.*
Ich helfe Ihnen beim Anziehen / Ausziehen / Essen / Trinken / Aufstehen / Waschen /...	*Je vous aide à vous habiller / déshabiller / manger / boire / vous lever / vous laver ...*
Wir gehen in den Speisesaal / nach draußen / spazieren /...	*Allons dans la salle à manger / dehors / nous promener / ...*
Ich hole Hilfe. Bitte helfen Sie mir!	*Je vais chercher de l´aide. Aidez-moi s.v.p.*

Wo ist ihr...? *(Où est votre ...?)*

Rollator

Rollstuhl

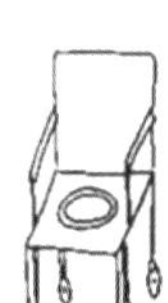

Toilettenstuhl

Hörgerät

Wo sind Ihre Krücken?

Landherr/Streicher/Hörtrich: Cahier d'exercices Deutschkurs für Asylbewerber
© Auer Verlag – AAP Lehrerfachverlage GmbH, Augsburg

12.4 Ich arbeite als Hausmeister *(Je travaille comme gardien d'immeuble)*

Ich helfe dem Hausmeister der Schule.	*J'aide le gardien d'immeuble de l'école.*
Was machen wir heute?	***Qu'est-ce qu'on fait aujourd'hui?***
Wir streichen die Wand mit Farbe und Pinsel.	*On va peindre le mur avec de la peinture et un pinceau.*
Der Wasserhahn tropft / ist undicht. Wir müssen ihn reparieren.	*Le robinet goutte/fuit. Il faut le réparer.*
Die Lampe ist kaputt. Wir müssen sie auswechseln.	*La lampe est cassée. Il faut la remplacer.*
Wir tragen Tische und Stühle in den Raum x.	*Nous allons porter des tables et des chaises dans la salle x.*
Wir sind in der Werkstatt und machen Vogelhäuser.	*Nous sommes dans l'atelier et fabriquons des volières.*
Wir arbeiten heute im Freien. Bitte warm anziehen.	*Aujourd'hui on va travailler dehors. Veuillez vous habiller chaudement.*
Ich bin fertig. Was soll ich jetzt machen?	***J'ai fini. Qu'est-ce que je dois faire maintenant ?***
Bitte kehre den Schulhof mit dem Besen.	*Balaie la cour de récréation avec le balai, s'il te plaît.*
Bitte räume den Schnee mit der Schneeschaufel.	*Enlève la neige avec une pelle, s'il te plaît.*
Bitte leere die Mülleimer.	*Vide les poubelles, s'il te plaît.*
Bitte reinige den Boden mit dem Staubsauger.	*Passe l'aspirateur sur le sol, s'il te plaît.*
Jetzt ist Pause. Wir machen Brotzeit.	*C´ est la pause. Mangeons!*

Farbe und Pinsel

Wasserhahn

Lampe

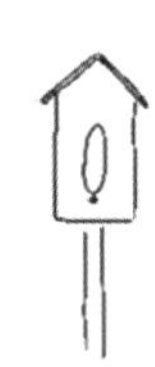
Vogelhaus

Besen

Schneeschaufel

Mülleimer

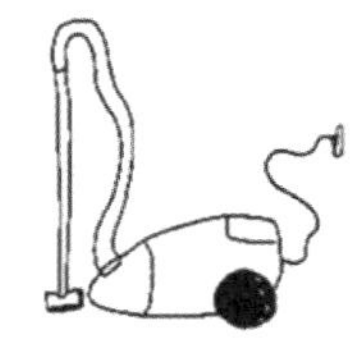
Staubsauger

Landherr/Streicher/Hörtrich: Cahier d'exercices Deutschkurs für Asylbewerber
© Auer Verlag – AAP Lehrerfachverlage GmbH, Augsburg

12.5 Ich arbeite im Hotel/Restaurant (*Je travaille dans un hôtel/restaurant)*

Was ist wichtig bei der Arbeit?	***Ce qui est important au travail?***
Wir waschen unsere Hände (bevor mit Lebensmitteln gearbeitet wird).	*On se lave les mains (avant de travailler avec des aliments)*
Wir spülen Teller in der Spülmaschine: Wir stapeln die Teller in den Tellerkorb. Wir spritzen die Teller ab, bevor wir sie in die Spülmaschine stellen.	*Nous lavons les assiettes dans le lave-vaisselle:* *Nous installons les assiettes dans la corbeille d'assiettes. Nous rincons les assiettes au jet d'eau avant de les mettre dans le lave-vaisselle.*
Wir legen Besteck in den Besteckkorb. Wir spritzen es mit der Vorreinigungsbrause ab. Dann kommt es in die Spülmaschine.	*Nous mettons les couverts dans le panier à couverts. Nous les rinçons avec le jet de pré-lavage. Ensuite on les met dans le lave-vaisselle.*
Kurz vor Feierabend reinigen wir den Boden und unseren Arbeitsbereich.	*Un peu avant la fin du travail nous nettoyons le sol et notre poste de travail.*
Was machen wir heute?	***Que fait-on fait aujourd'hui?***
Wir räumen die Warenlieferung ein.	*On va ranger la livraison de marchandises.*
Wir polieren Besteck und Gläser.	*Nous polissons les couverts et les verres.*
Wir spülen Töpfe und Pfannen.	*Nous lavons les casseroles et les poêles.*
Wir schälen Kartoffeln, Karotten und Zwiebeln.	*Nous épluchons des pommes de terre, des carottes et des oignons.*
Wir leeren die Mülleimer.	*Nous vidons les poubelles.*
Wir reinigen den Boden mit dem Besen.	*Nous nettoyons le sol avec un balai.*

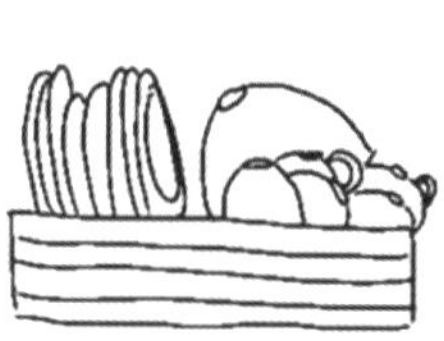
Tellerkorb

Besteck

Spülmaschine

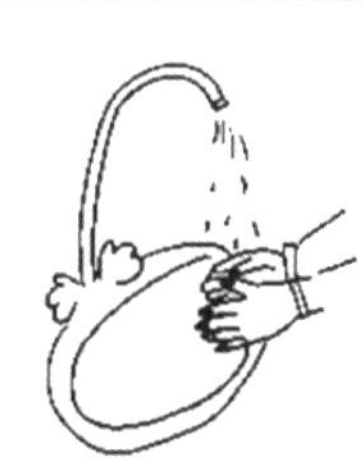
Hände waschen

Landherr/Streicher/Hörtrich: Cahier d'exercices Deutschkurs für Asylbewerber
© Auer Verlag – AAP Lehrerfachverlage GmbH, Augsburg

12.6 Ich gehe schwimmen *(Je fais de la natation)*

Schwimmen im See und im Fluss ist sehr gefährlich.
(Il est très dangereux de se baigner dans un lac où en rivière.)

Steiles Ufer, tiefe Stellen
(les berges, les lieux profonds)

Gefährliche Dinge und Pflanzen
(les choses et les plantes dangereuses)

Strudel und Wasserfälle
(les remous et les cascades)

Schwimmen im Freibad ist sicher.
(Dans une piscine publique on se baigne en sécurité.)

Aufsicht
(la surveillance)

Nichtschwimmerbereich
(les bassins non-nageurs)

leichter Ausstieg
(la sortie simple)

Notruf 112
Appel d'urgence 112

Nageur ou non-nageur?

Landherr/Streicher/Hörtrich: Cahier d'exercices Deutschkurs für Asylbewerber
© Auer Verlag – AAP Lehrerfachverlage GmbH, Augsburg

12.7 Wir schützen gemeinsam unsere Erde *(Nous protégeons notre terre ensemble)*

Viele kleine Leute an vielen kleinen Orten, die viele kleine Schritte tun, können das Gesicht der Welt verändern.

(Beaucoup de petites gens à beaucoup de petits endroits faisant beaucoup de petits pas ont la puissance de changer la face du monde.)

Wir sparen Wasser und Energie. *(Nous économisons de l'eau et de l'énergie)*

Wasser sparen

Strom sparen

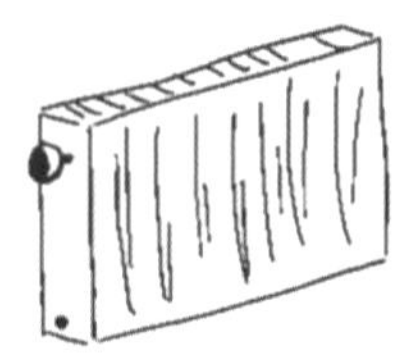

Heizung zurückdrehen

Licht ausmachen

Wir vermeiden Müll. *(Nous évitons de produire des déchets.)*

Wir sortieren Müll. *(Nous trions les déchets.)*

Wir sammeln in der Mülltonne *(Nous rassemblons les déchets dans la poubelle):*

Papier

Bioabfälle

Restmüll

Gelbe Tonne

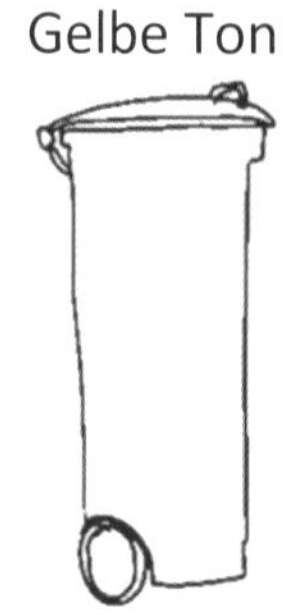

Zum Wertstoffhof (*Déchetterie à tri sélectif*) bringen wir

- Metall,
- Elektrogeräte,
- Glas: weiß, grün, braun.
- Schadstoffe : Batterien, Farben, Öl...

Nicht in die Mülltonne!

Landherr / Streicher / Hörtrich: Cahier d'exercices Deutschkurs für Asylbewerber
© Auer Verlag – AAP Lehrerfachverlage GmbH, Augsburg

12.8 Das Alphabet

A a
a
Apfel

B b
be
Brot

C c
ce
Computer

D d
de
Datum
22.5.2015

E e
e
Elektrizität

F f
ef
Fisch

G g
ge
Garten

H h
ha
Haus

I i
i
Information
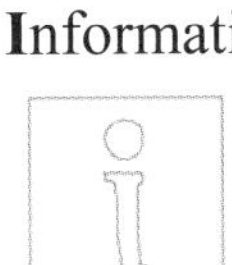

J j
jot
Jacke

K k
ka
Küche

L l
el
Lampe

M m
em
Musik

N n
en
Nase

O o
o
Orange
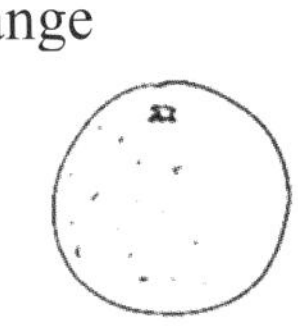

P p
pe
Papier

Q q
ku
Qualifikation

R r
er
Reis

S s
es
Sonne

T t
te
Tisch

U u
u
U-Bahn

V v
vau
Violine

W w
we
Wasser

X x
ix
Xylofon
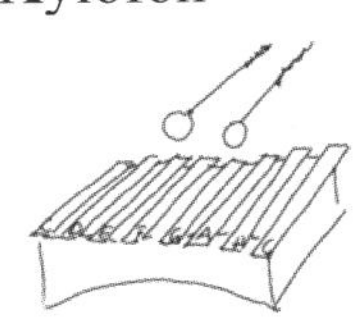

Y y
üpsilon
Yoga

Z z
zett
Zucchini
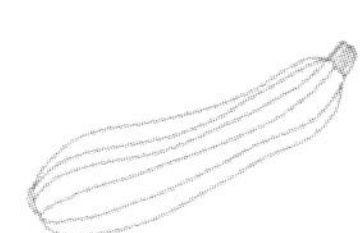

Eu
eu
Euro

Landherr/Streicher/Hörtrich: Cahier d'exercices Deutschkurs für Asylbewerber
© Auer Verlag – AAP Lehrerfachverlage GmbH, Augsburg

12.9 Das kann ich schon *(Ce que je sais déjà)*

- **Tunwort** *(verbe)* **Was** tue ich?

schreiben	**lernen**	**können**	**sein** (*être*)
ich schreibe	ich lerne	ich kann	Ich bin
du schreibst	du lernst	du kannst	du bist
er/sie/es schreibt	er/sie/es lernt	er/sie/es ________	________ ist
wir schreiben	wir lernen	wir können	wir sind
ihr schreibt	ihr lernt	ihr könnt	ihr seid
sie schreiben	sie lernen	___ ______	sie _____

- **Zeitformen** *(temps)* **Wann** tue ich etwas?

	lernen	**gehen**	**sein**
heute	ich lerne	ich gehe	ich bin
gestern	ich habe gelernt	ich bin gegangen	ich bin gewesen
morgen	ich lerne	ich gehe	ich bin

- **Namenwort** *(nom)* **Wer** tut etwas?

		Einzahl	**Mehrzahl**
der Mann	die Frau	das Kind	die Kinder
ein Sohn	eine Tochter	ein Baby	die Babys
mein Vater	meine Mutter	mein Buch	meine Bücher
unser Bruder	unsere Schwester	unser Zimmer	unsere Zimmer

- **Eigenschaftswort** *(adjectif)* **Wie** ist etwas?

			Gegenteil *(le contraire)*
klein	kleiner	am kleinsten	groß
groß	größer	am größten	klein
schnell	schneller	am schnellsten	langsam
billig	billiger	am billigsten	________
________	________	________	kalt

- **Verhältniswort** *(prépositions)* **Wo** ist etwas?

in/im an/am auf unter neben über hinter vor zwischen

Landherr / Streicher / Hörtrich: Cahier d'exercices Deutschkurs für Asylbewerber
© Auer Verlag – AAP Lehrerfachverlage GmbH, Augsburg

BESTELLUNG PER FAX

Deutschkurs für Asylbewerber

Thannhauser Modell

Unterstützt durch

Auer

Bestellschein bitte faxen an:

0821/5 99 77 99–5

E-MAIL info@auer-verlag.de

Stück	Bestell-Nr.	Kurztitel	*Preis € je
	07901	Arbeitsheft englisch	6,50 €
	07902	Foliensatz neutral	25,00 €
	07903	Foliensatz digital	25,00 €
	07904	Arbeitsheft französisch	6,50 €
	07905	Arbeitsheft arabisch	6,50 €
	07906	Arbeitsheft neutral	6,50 €
	07907	Lernkartei	25,00 €

* bei Bestellungen bis zu 4 Exemplaren

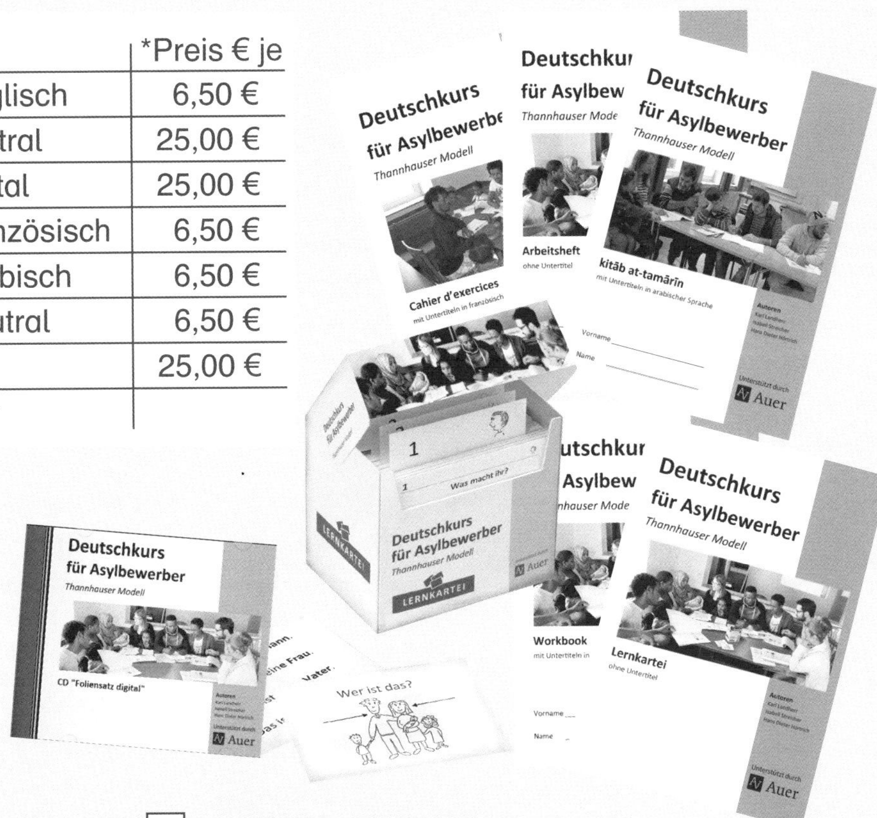

Lieferung an:

☐ **Privatadresse**

Kundennummer (falls vorhanden)

Name, Vorname

Straße, Nr.

PLZ, Wohnort

E-Mail-Adresse*

☐ **Institutionsdresse**

Kundennummer (falls vorhanden)

Name der Institution

Straße, Nr.

PLZ, Ort

E-Mail-Adresse*

☐ *Mit der Angabe meiner E-Mail-Adresse erteile ich dem Auer Verlag die jederzeit widerrufliche Zustimmung zum Erhalt von Informationen per E-Mail

Datum

Unterschrift

Ihre Bestelldaten werden für eigene Zwecke zur Auftragsabwicklung der einschlägigen Datenschutzhinweise gespeichert. Wir verwenden Ihre Bestelldaten auch, um Ihnen per Post fachbezogene Informationen zuzusenden und dies auch anderen Verlagen der Klett-Gruppe zu ermöglichen. Wenn Sie zukünftig keine Informationen mehr erhalten möchten, können Sie bei uns der Verwendung Ihrer Daten für Werbezwecke jederzeit widersprechen.